한장 으로 따라하는
마법 종이접기

이 재 구

접고 그리다

도서출판 시간의물레

이 재 구

· 2000~2015 청학 합기도 도장 운영
· 한국종이접기협회 제8회 창작 공모전 대상 수상
· 한국종이접기협회 창작공모전 심사위원
· 한국종이접기협회 매니아를 위한 창작수업
· 한국 종이접기 저작권 협회 감사 역임
· 제16회 일본 오리가미 컨벤션 초빙강사
· 종이나라박물관 오픈클래스 강의
· http://blog.naver.com/jazz1862

초판인쇄 2017년 6월 10일
초판발행 2017년 6월 16일
저   자 이 재 구
발 행 인 권 호 순
발 행 처 시간의물레
등   록 2004년 6월 5일
등록번호 제1-3148호
주   소 서울시 마포구 마포대로 4다길 3(1층)
전   화 02-3273-3867
팩   스 02-3273-3868
전자우편 timeofr@naver.com
블 로 그 http://blog.naver.com/mulretime
홈페이지 http://www.mulretime.com
I S B N 978-89-6511-154-2 (06630)
정   가 20,000원

한장으로 따라하는
마법 종이접기

이 재 구

도서출판 시간의물레

머리말

이날 만큼은 아이들에 눈망울이 더욱 또렷해집니다.
도장에서 기합소리 대신 무언가 특별한 수업을 하고 싶어 찾아 본 종이접기,
저는 종이접기 수업을 하면서 아이들에게 필요한 무언가를 가르치는 것 외에도 더 많은 행복이
있음을 알게 되었습니다.

수업이 끝나고 손에 종이접기 작품 하나씩 들고나가는 아이들의 얼굴을 보면서 늦은밤까지 아이
들에게 줄 선물을 접은 제 자신에게 칭찬을 하게 되었습니다.

이 책을 따라 접어가는 과정에서 여러번 실패하고 포기하는 경우도 있을 겁니다.
하지만 몇 번씩 실패를 반복하다가 완성했을 때의 그 기쁨이 또다시 책을 잡는 이유가 될 것이
며, 그 과정이 힘든 만큼 받는 사람들의 얼굴에서 느껴지는 행복은 다른 무엇과도 바꿀 수 없는
기쁨일 것입니다.

이 책을 통해서 여러분들의 마음과 사랑을 전달할 수 있는 순간들이 많았으면 하는 바람입니다.

책을 낼 수 있도록 도와주신 도서출판 시간의 물레 권호순 대표님과 류한진 교수님께 감사드리
고, 항상 기둥이 되어주시는 서원선 선생님과 이인경 선생님께 감사드립니다.

2016년 9월
이 재 구

차 례

알아두기

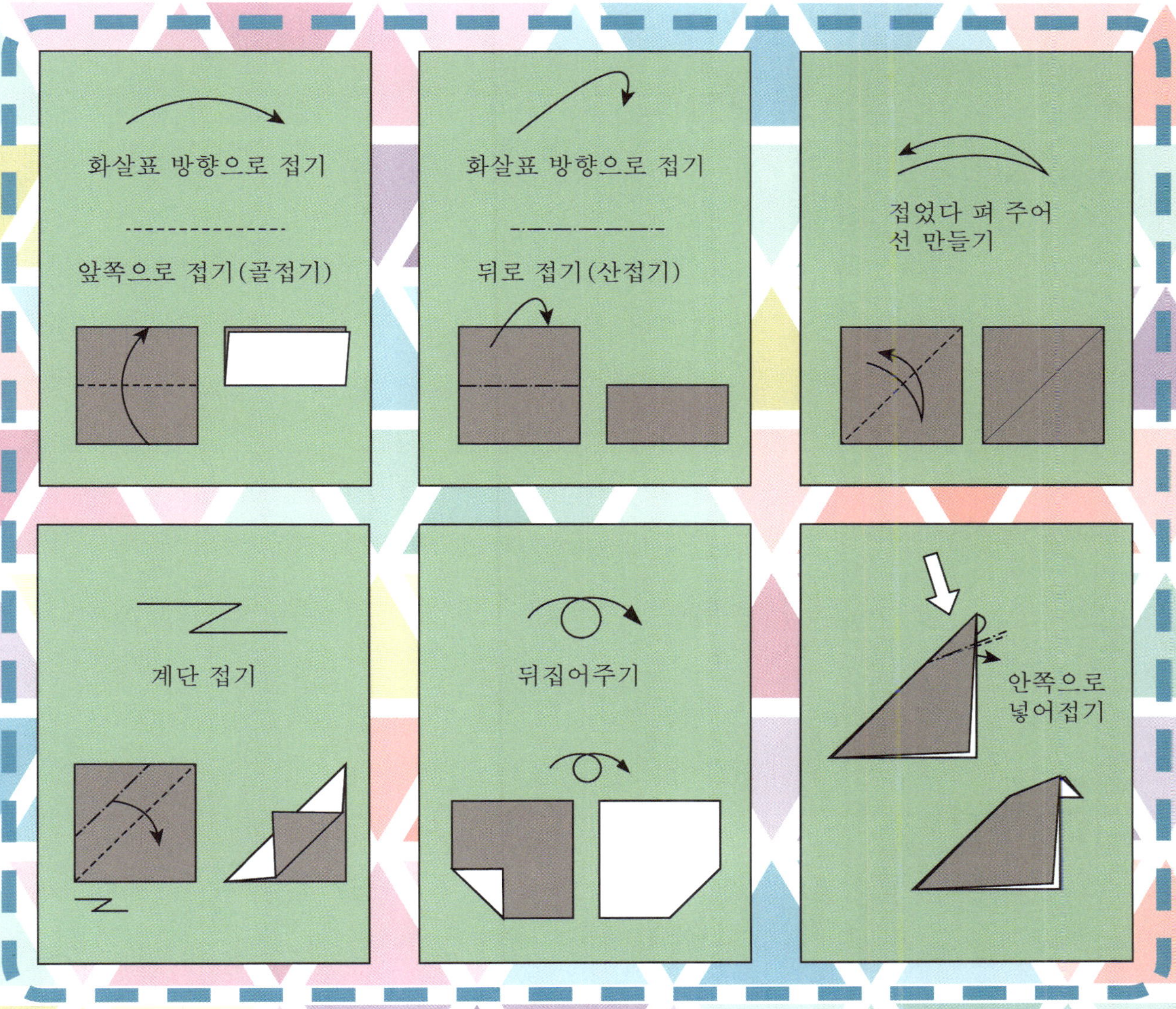

화살표 방향으로 접기

- - - - - - - - - - - - - - -

앞쪽으로 접기(골접기)

화살표 방향으로 접기

- · - · - · - · - · - · - · -

뒤로 접기(산접기)

접었다 펴 주어
선 만들기

계단 접기

뒤집어주기

안쪽으로
넣어접기

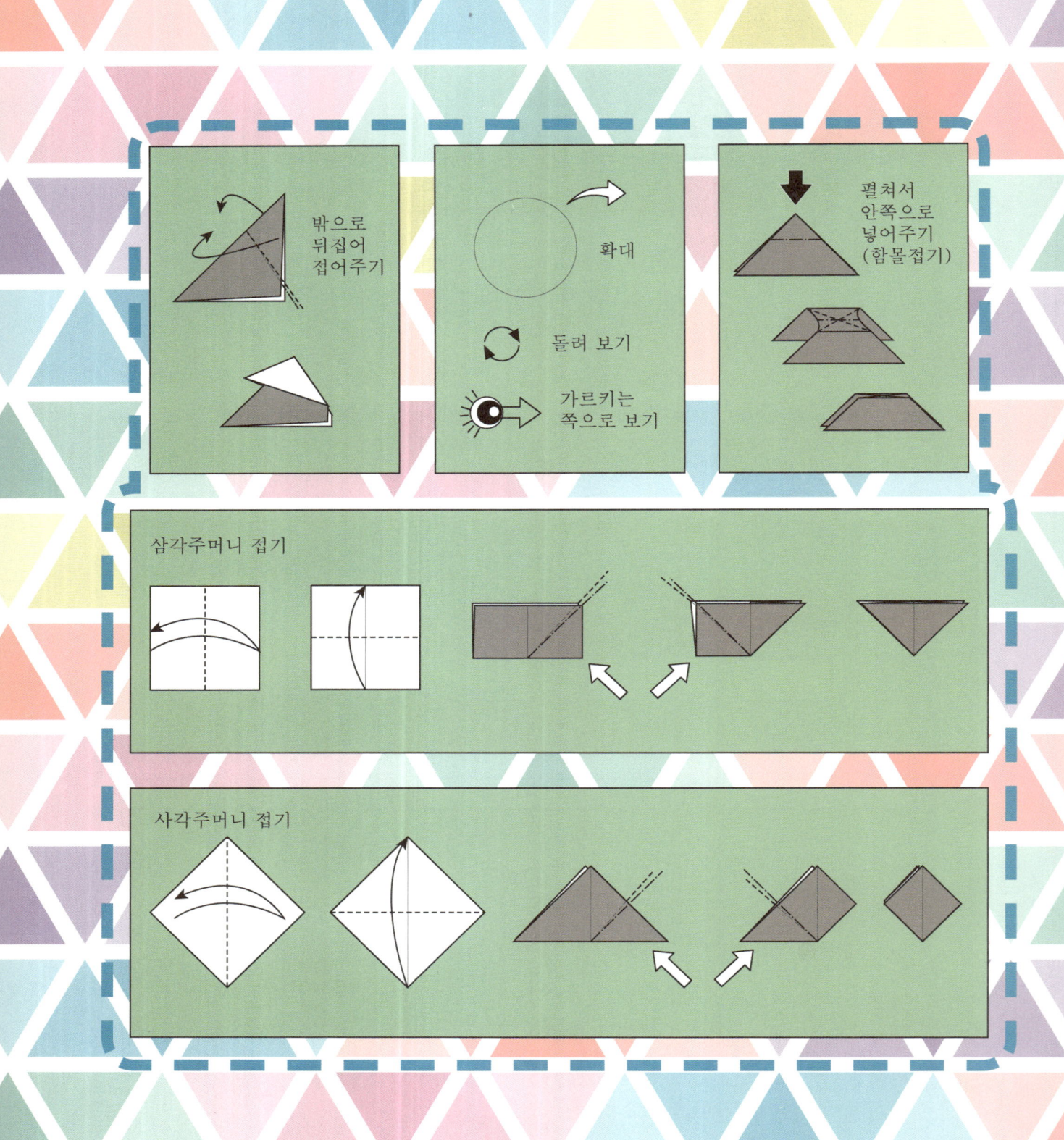

밖으로 뒤집어 접어주기

확대

돌려 보기

가르키는 쪽으로 보기

펼처서 안쪽으로 넣어주기 (함몰접기)

삼각주머니 접기

사각주머니 접기

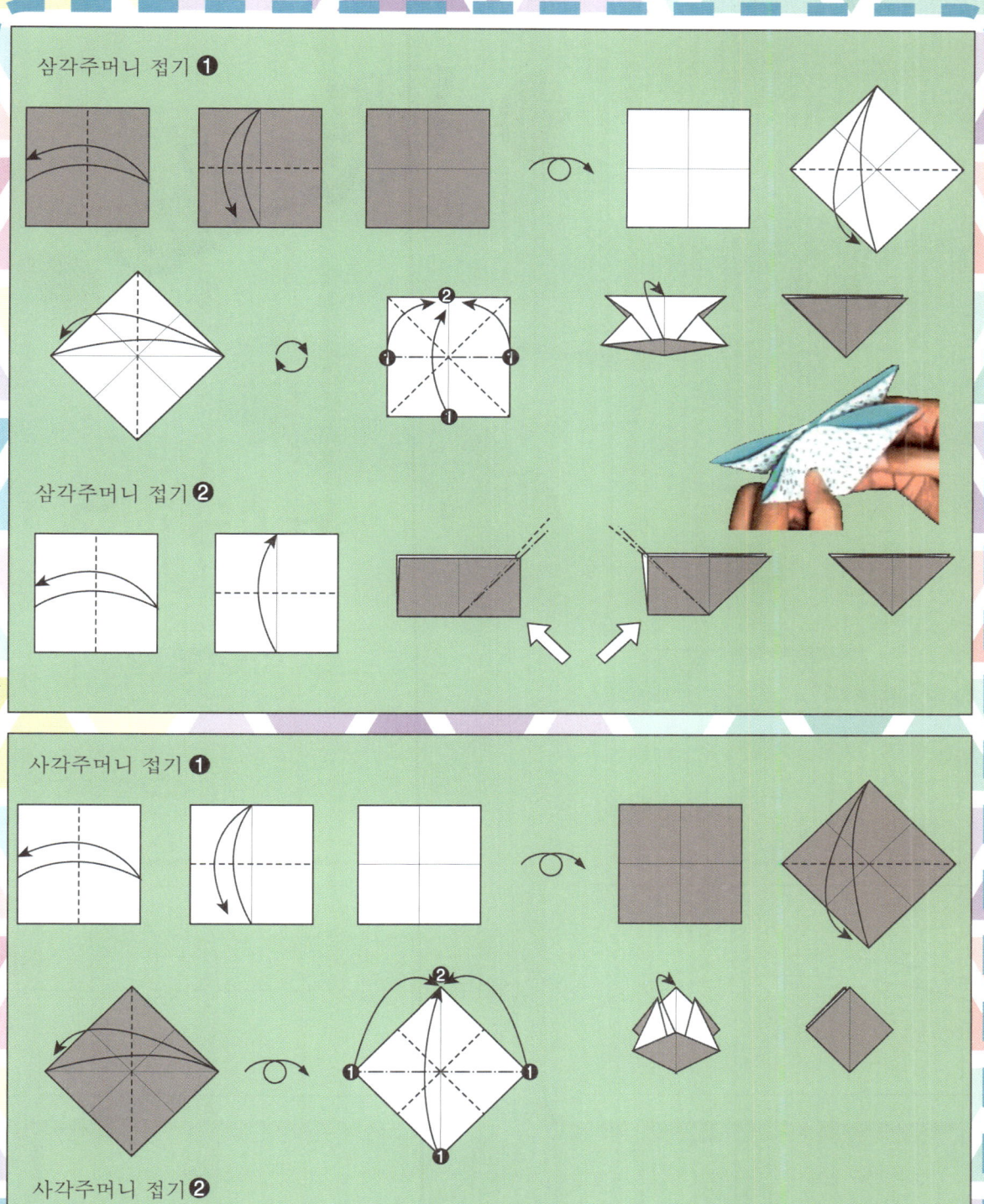

삼각주머니 접기 ❶

삼각주머니 접기 ❷

사각주머니 접기 ❶

사각주머니 접기 ❷

Pikachu

피카츄

직사각형(1:2)

1 반 접었다 펴 주세요

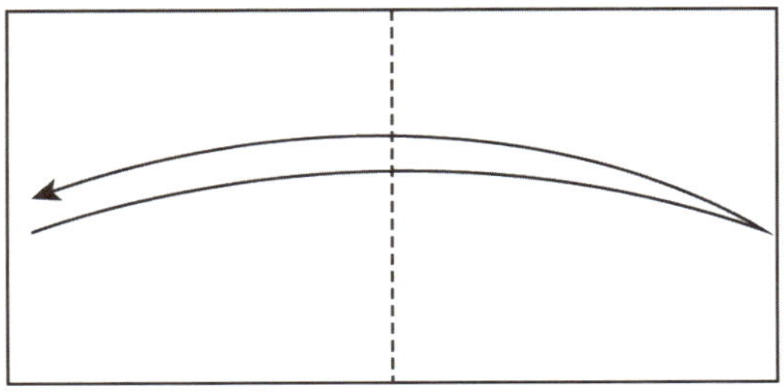

2 반 접었다 펴주세요

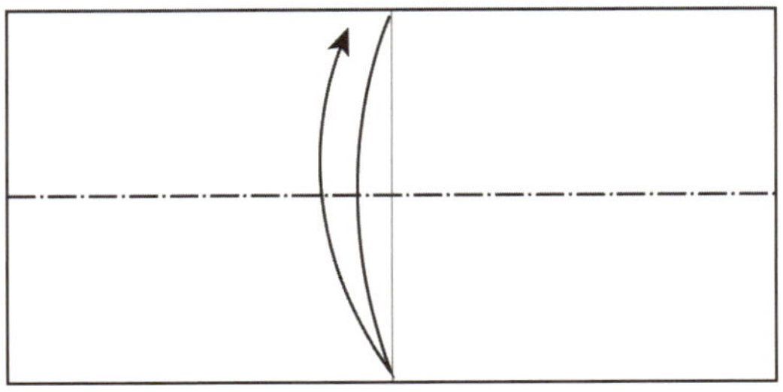

3 점선대로 접었다 펴 주세요

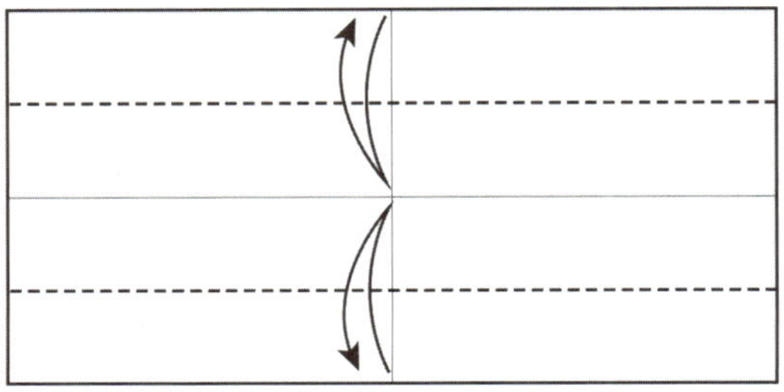

4 대각선으로 접었다 펴 주세요

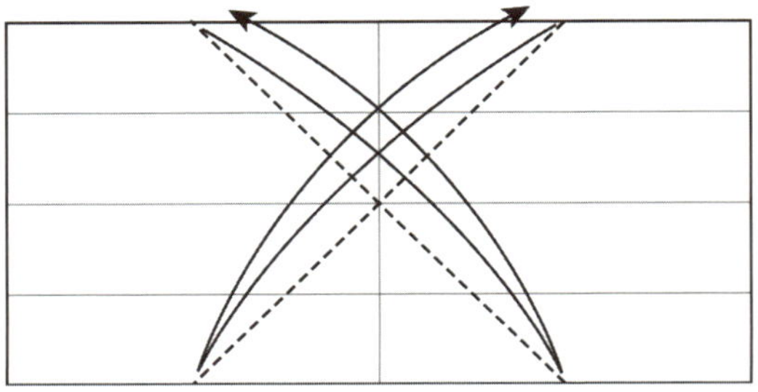

5 삼각주머니 접어주세요

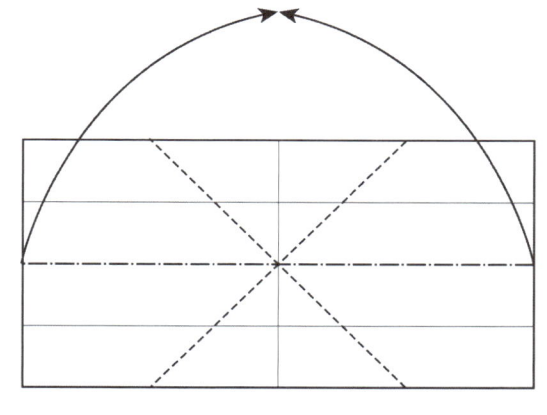

6 접었다 펴 주세요

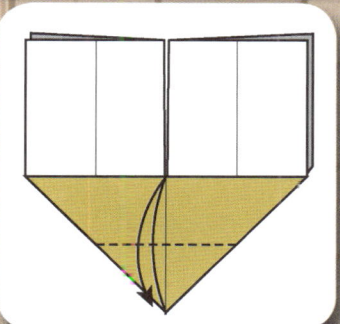

7 점선따라 접었다
펴 주세요

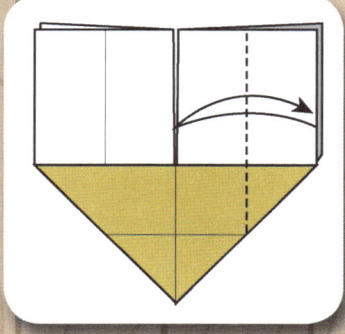

8 벌려서 점선대로 안쪽
으로 1번이 1번쪽으로
붙게 접어주세요

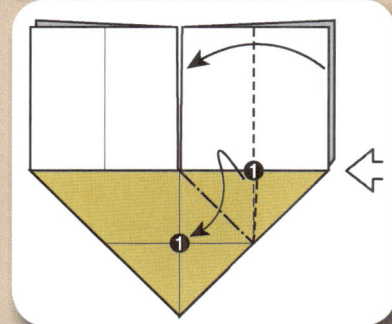

9 반대쪽도 똑같이
접어주세요

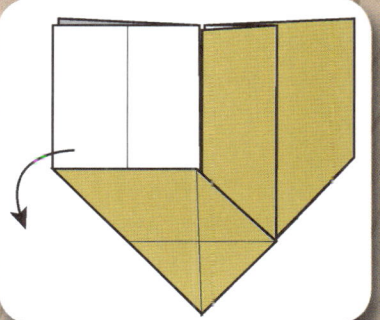

10 뒤로 돌려주고요

11 8~10번 처럼 똑같이
접어 주세요

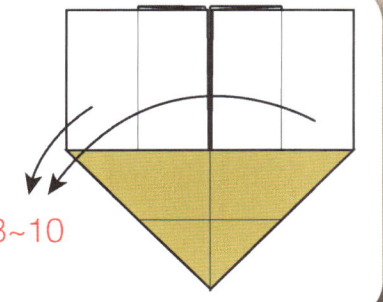

8~10

12 점선따라 접었다
펴 주세요

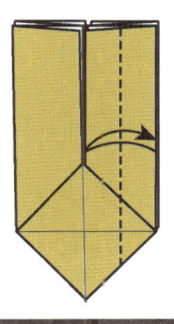

13 밑으로 내려 주세요

14 12번에서 접은 선따라 펼쳐 주어 안쪽으로 넣어 접어주세요

15 다시 위로 올려주세요

16 12~15번 처럼 뒷부분을 똑같이 접어주세요

12~15

17 점선따라 넘겨주고요

18 뒤로 돌려주세요

19 점선따라 넘겨주세요

20 접었다 펴 주세요

21 전체적으로 벌려주어 안쪽으로 넣어 접어주세요

22 점선따라 한쪽으로 넘겨주고요

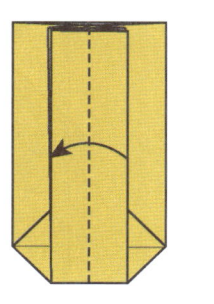

23 내려 접어주세요

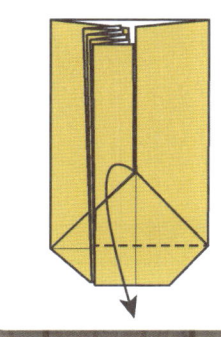

24 반대쪽으로 통채로 넘겨주세요

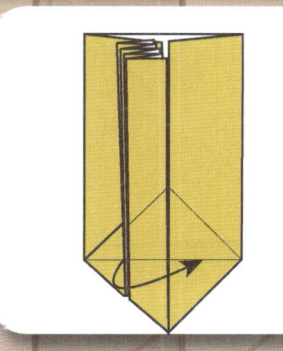

25 다시 내려주고요

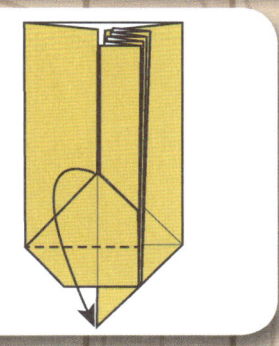

26 펼쳐 넘겨주세요

27 가운데로 모아주어 점선따라 한쪽으로 넘겨 접어주세요

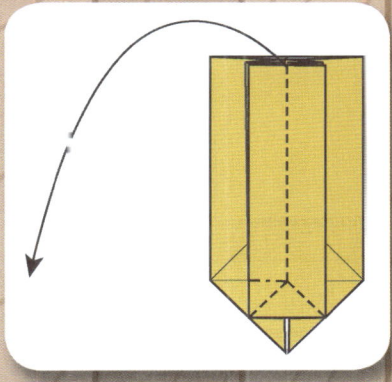

28 윗부분을 대각선으로 접었다 펴 주세요

29 접어주었던 부분을 벌려주어 안쪽으로 접어주세요

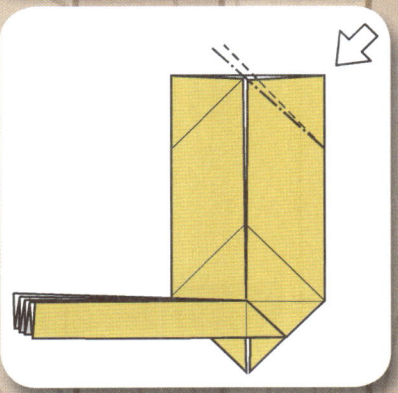

30 29번과 같이 벌려서 안쪽으로 접어주세요

31 양쪽 모두 밑으로 내려 접어요

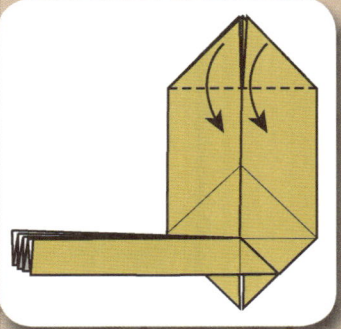

32 점선대로 접었다 펴 주세요

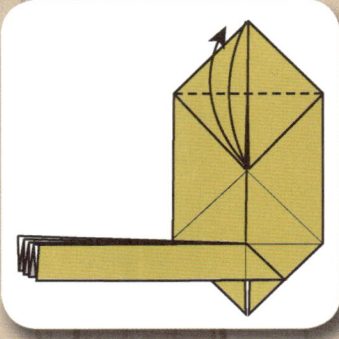

33 32번에서 접은 선따라 펼쳐주어 안쪽으로 넣어 접어주세요

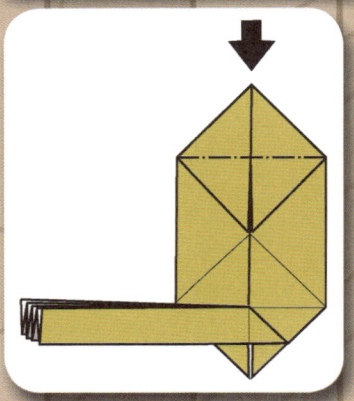

34 위로 올려주세요

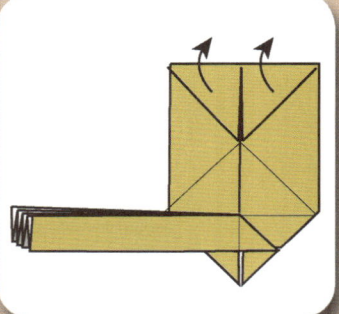

35 가운데로 모아 안쪽으로 접어주세요

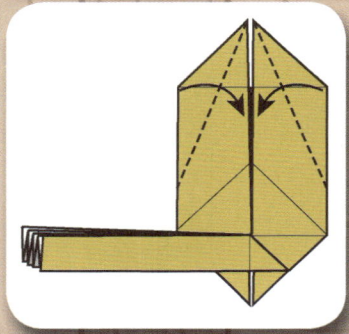

36 맨 윗쪽 부분을 아랫쪽 1번 부분에 맞추어 접었다 펴 주세요

37 그림처럼 뒷쪽 얼굴윗쪽 부분에 1/2이 되는 동그라미 부분에 맞추어 옆쪽으로 넘겨 접어주세요

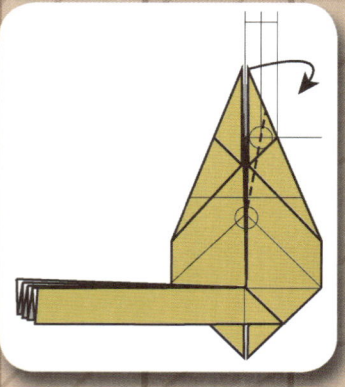

38 돌려주세요

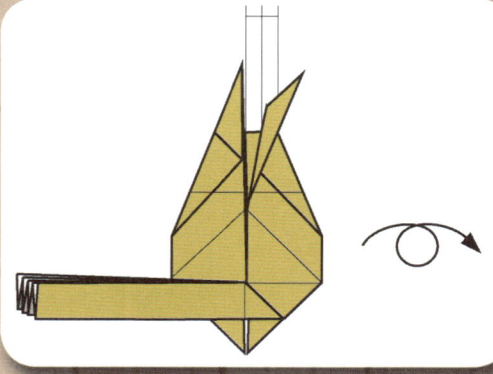

39 동그라미 부분을 엄지손가락을 이용하여 바닥에 눌러주어 40번 그림처럼 선이 보이게 해 주세요

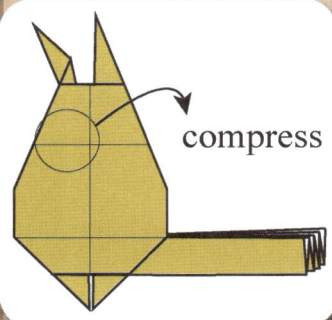

compress

40 동그라미 부분 확대

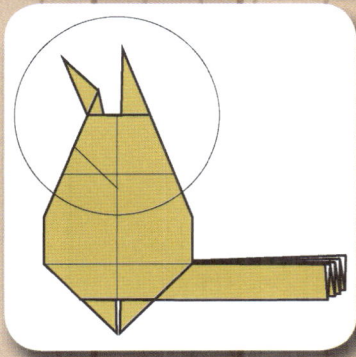

41 그림에서처럼 눌러서 나온 선 끝 동그라미 부분을 시작으로 90도 각이 될 수 있도록 접었다 펴 즈세요

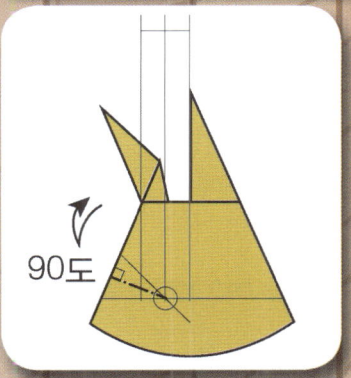

90도

42 점선대로 접었다 펴 주세요

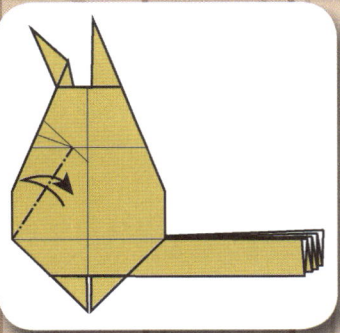

43 반대쪽도 같아요

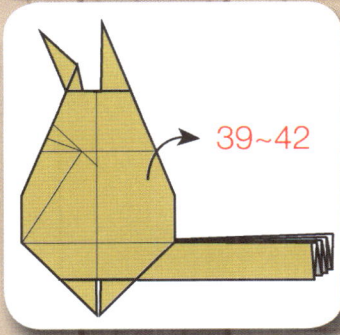

39~42

44 점선대로 머리를 뒤로 넘겨 주면서 안쪽으로 접어 넣어 주세요

45 약간 벌려주어 안쪽부터 점선대로 넘겨접어요 접었다 펴 주세요

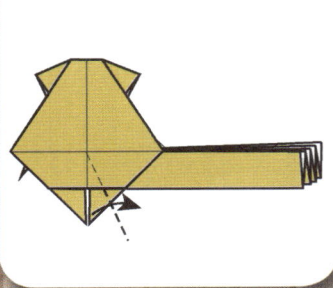

46 반대쪽도 똑같아요

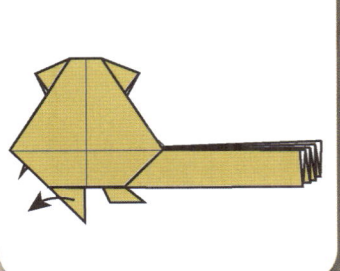

47 그림처럼 2/1 부분에 맞추어 안쪽으로 접어 주세요

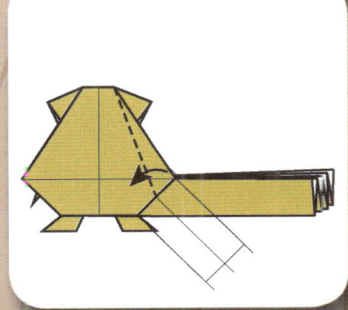

48 **47번** 처럼 접어주세요

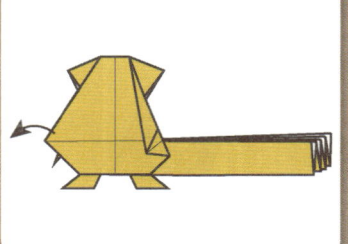

49 등분선따라 뒷쪽 머리 부분을 앞쪽으로 접어 주세요

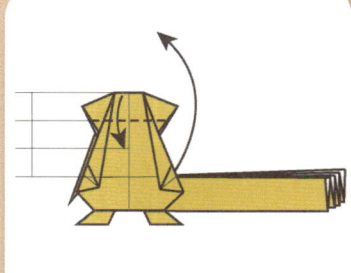

50 옆쪽으로 넘겨 접어주세요

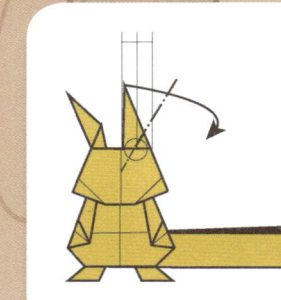

51 엉덩이 선 끝에 맞추어 위로 올려 접어요

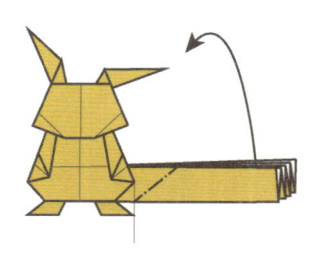

52 53번 그림처럼 옆으로 넘겨 접어요

53 꼬리 끝부분은 벌려서 안쪽으로 넣어 접어요

54 나머지 부분도 똑같이 접어 주세요

55 뒤로 돌려주세요

56 몸통과 머리부분이 벌어 지지 않도록 점선대로 접어주세요

57 다시 뒤로 돌려 주세요

58 머리부분은 살짝 기울여
둘러 접어주세요

완 성

(전체적으로 벌어지지 않도록 눌러 주세요)

캥거루

정사각형

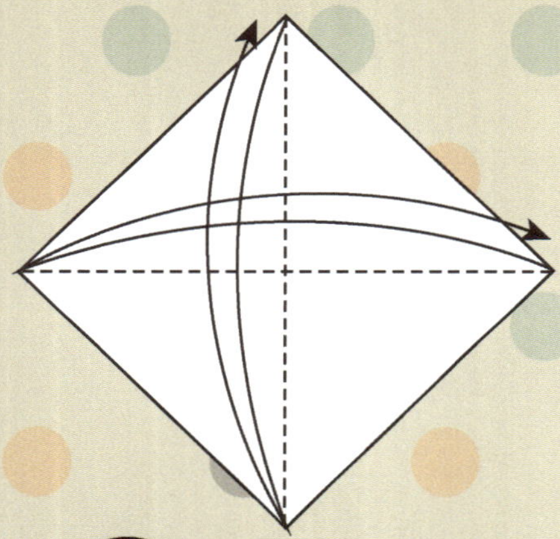

01 중앙을 기준으로 반씩
접었다 펴 주세요

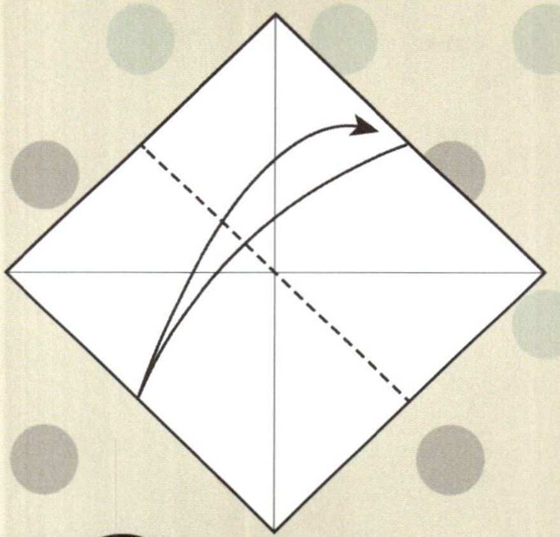

02 그림과 같이
반 접었다 펴 주세요

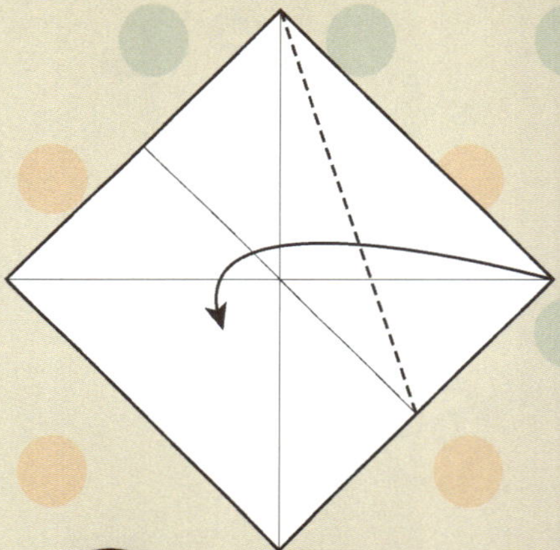

03 2번에서 접은 선까지
접어주세요

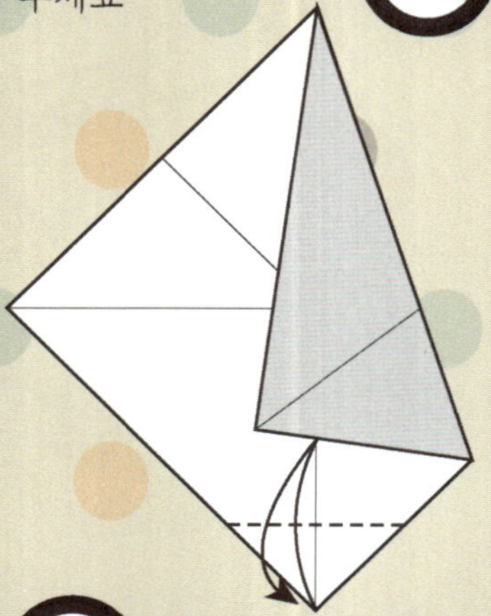

04 3번에서 접어준 중앙 밑부
분에 맞춰 접었다 펴 주세요

05 다시 펼쳐주세요

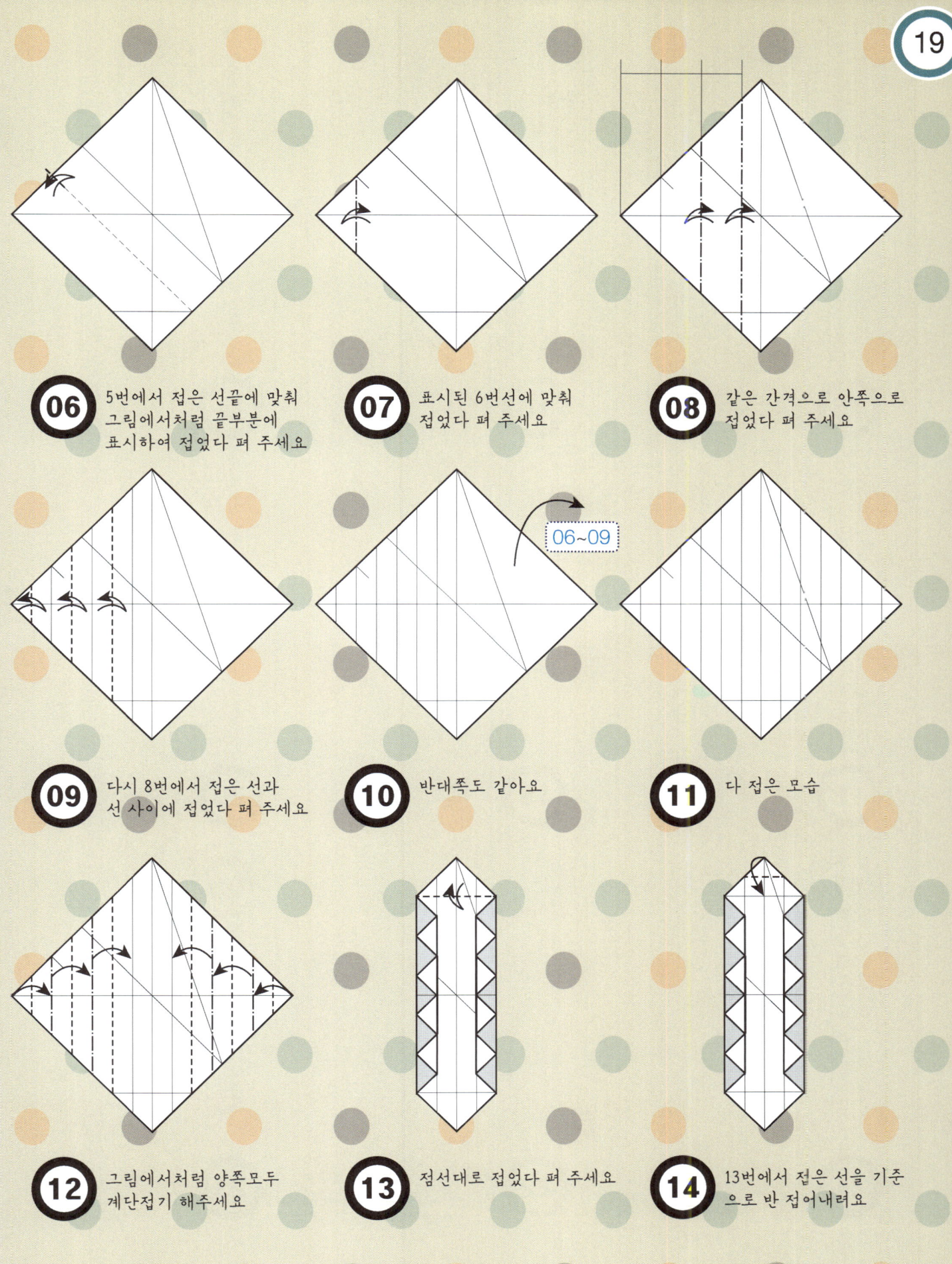

06 5번에서 접은 선끝에 맞춰
그림에서처럼 끝부분에
표시하여 접었다 펴 주세요

07 표시된 6번선에 맞춰
접었다 펴 주세요

08 같은 간격으로 안쪽으로
접었다 펴 주세요

09 다시 8번에서 접은 선과
선 사이에 접었다 펴 주세요

06~09

10 반대쪽도 같아요

11 다 접은 모습

12 그림에서처럼 양쪽모두
계단접기 해주세요

13 점선대로 접었다 펴 주세요

14 13번에서 접은 선을 기준
으로 반 접어내려요

15 다시 간격만큼 내려접어요

16 뒤로돌려서

17 그림에서처럼 대각선으로 접었다 펴 주세요

18 삼각주머니 형태로 접어주세요

19 한쪽으로 넘겨주세요

20 중앙을 기준으로 접었다 펴 주세요

21 중앙을 기준으로 벌려 오른쪽으로 넘겨접어요

22 점선따라 벌려주어 넘겨주세요 (점선대로 접어주면 23번 그림처럼 밑부분은 살짝 떠져요)

23 다시 펼쳐주세요

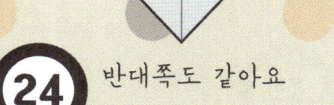

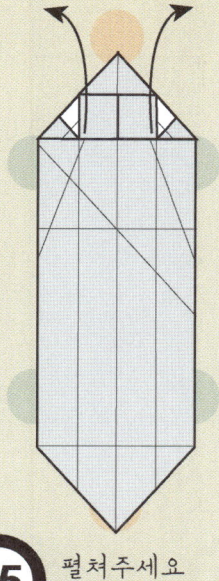

24 반대쪽도 같아요

25 펼쳐주세요

26 그림에서처럼
접었다 펴 주세요

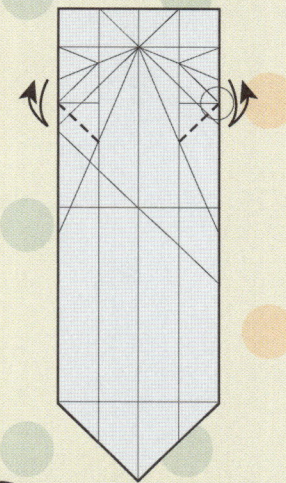

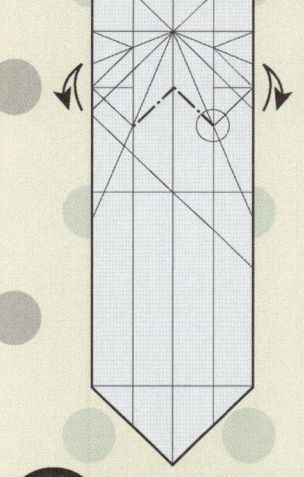

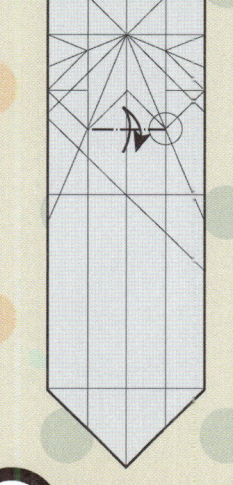

27 26번 동그라미를 기준으로
점선따라 접었다 펴 주세요

28 27번에서 접은 선끝에 맞춰
접었다 펴 주세요

29 점선대로 접었다
펴 주세요

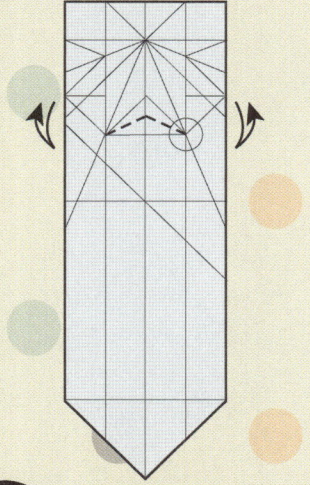

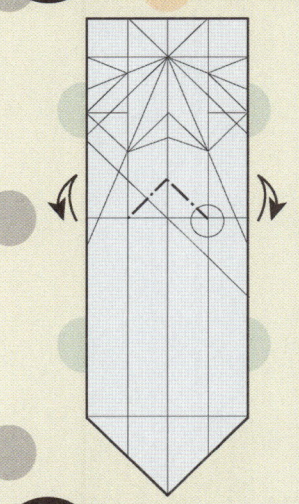

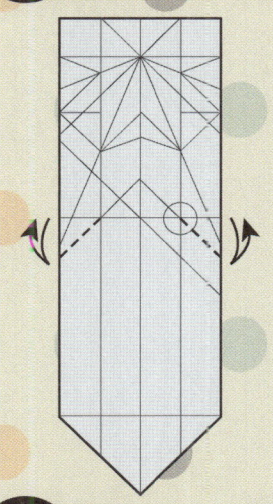

30 28~29번에서 접은선 중앙부분에
그림에서처럼 접었다 펴 주세요

31 중앙 가로선에 맞춰 접었다
펴 주세요

32 연장선상에 다시
접었다 펴 주세요

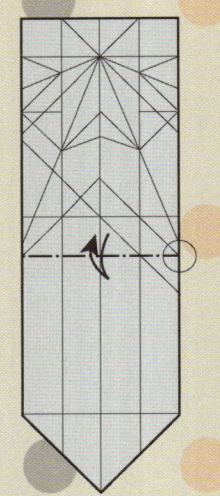

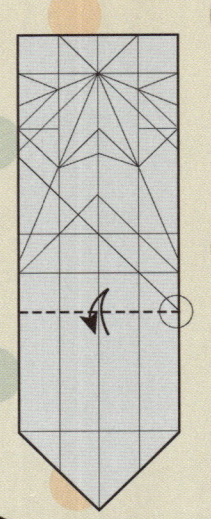

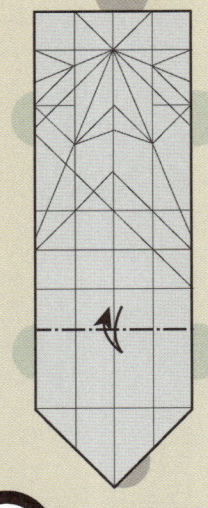

33 31번에서 접은선 끝에 맞춰 접었다 펴 주세요

34 대각선 끝에 맞춰 접었다 펴 주세요

35 32~33번 간격만큼 접었다 펴 주세요

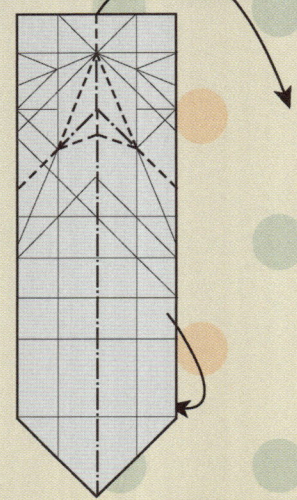

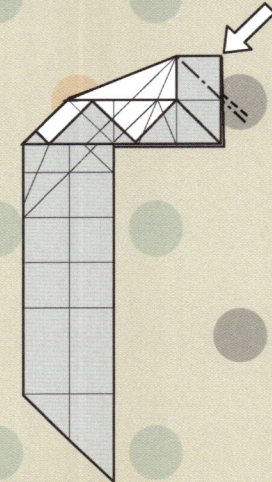

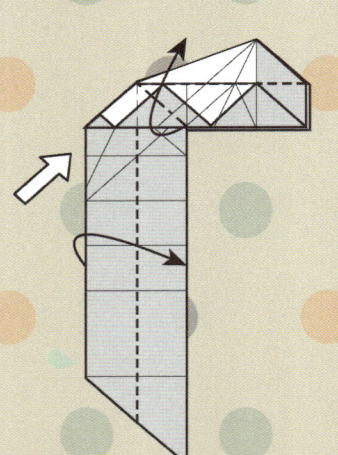

36 그림과 같이 점선따라 접어주세요

37 벌려서 안쪽으로 접어주세요

38 윗부분을 점선대로 올리면 서 밑에부분은 오른쪽으로 벌려주어 올려접어요

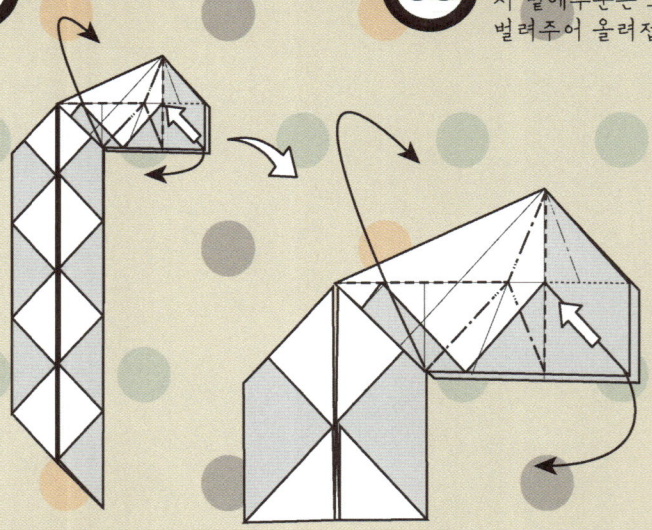

39 밑으로 내려접어요

40 점선따라 41번 그림이 될수있도록 접어주세요

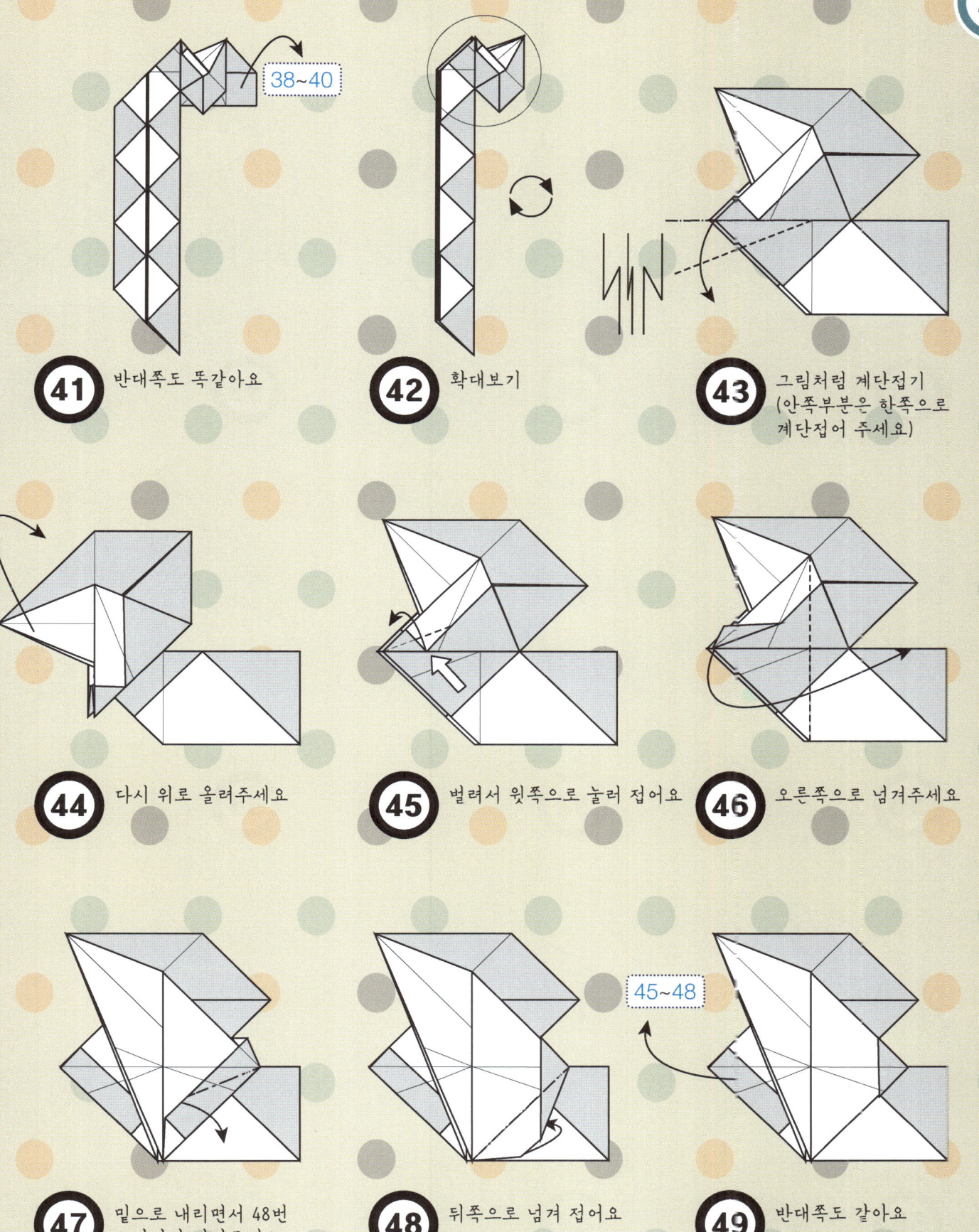

41 반대쪽도 똑같아요

42 확대보기

43 그림처럼 계단접기
(안쪽부분은 한쪽으로
계단접어 주세요)

44 다시 위로 올려주세요

45 벌려서 윗쪽으로 눌러 접어요

46 오른쪽으로 넘겨주세요

47 밑으로 내리면서 48번
그림처럼 접어주세요

48 뒤쪽으로 넘겨 접어요

49 반대쪽도 같아요

38~40

45~48

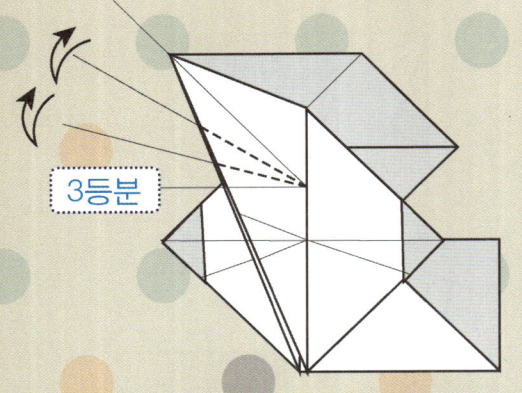

3등분

50 코끝에서부터 3등분 접었다 펴 주세요

51 그림과 같이 양쪽 모두 계단 접어주세요

52 그림에서처럼 선을 양쪽 으로 접었다 펴 주세요

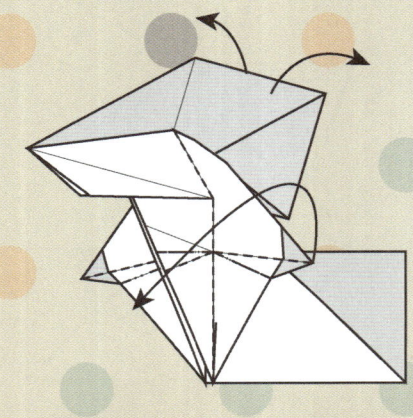

53 팔부분을 만들면서 안쪽으로 점 선대로 계단접어 모아주세요 (그럼 머리 윗쪽은 벌어져요)

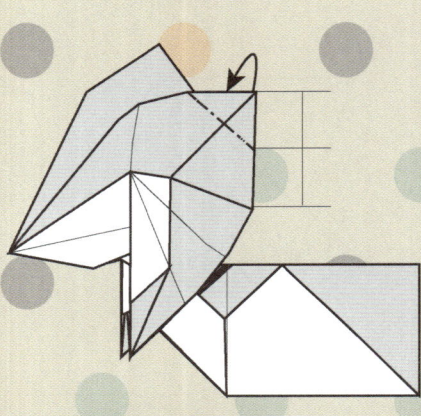

54 2분의1지점에서 뒤로 넘겨주세요

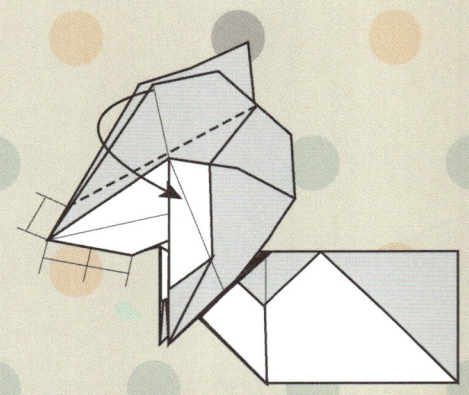

55 그림에서처럼 2분의1간격 에 맞춰 54번에서 접은 중 앙 부분까지 접어내려요

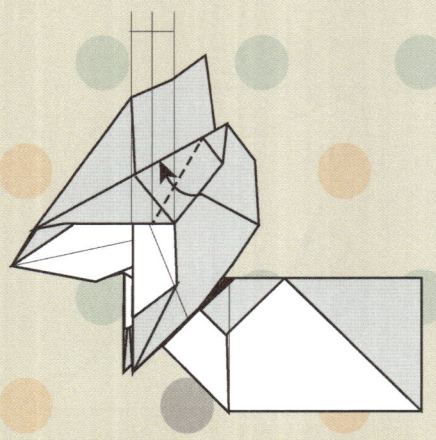

56 그림에서 보이는 2분의1 간격까 지 위쪽으로 접어주세요 (점선 윗부분은 둥글게 처리해주세요)

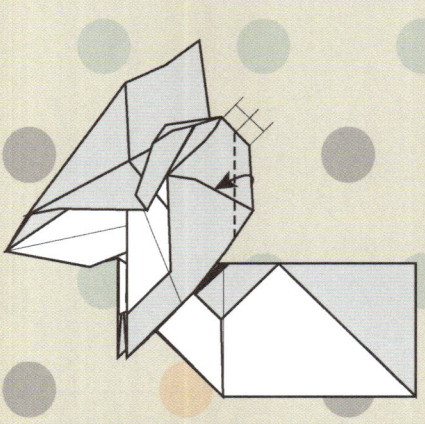

57 안쪽으로 접어주세요

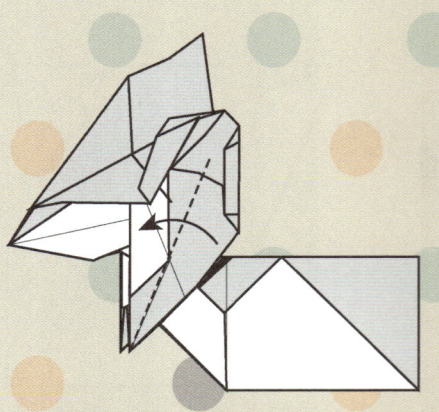

58 점선대로 위쪽 끝에는 둥글게 말아주고 접어올려 접착제로 살짝 고정해주세요

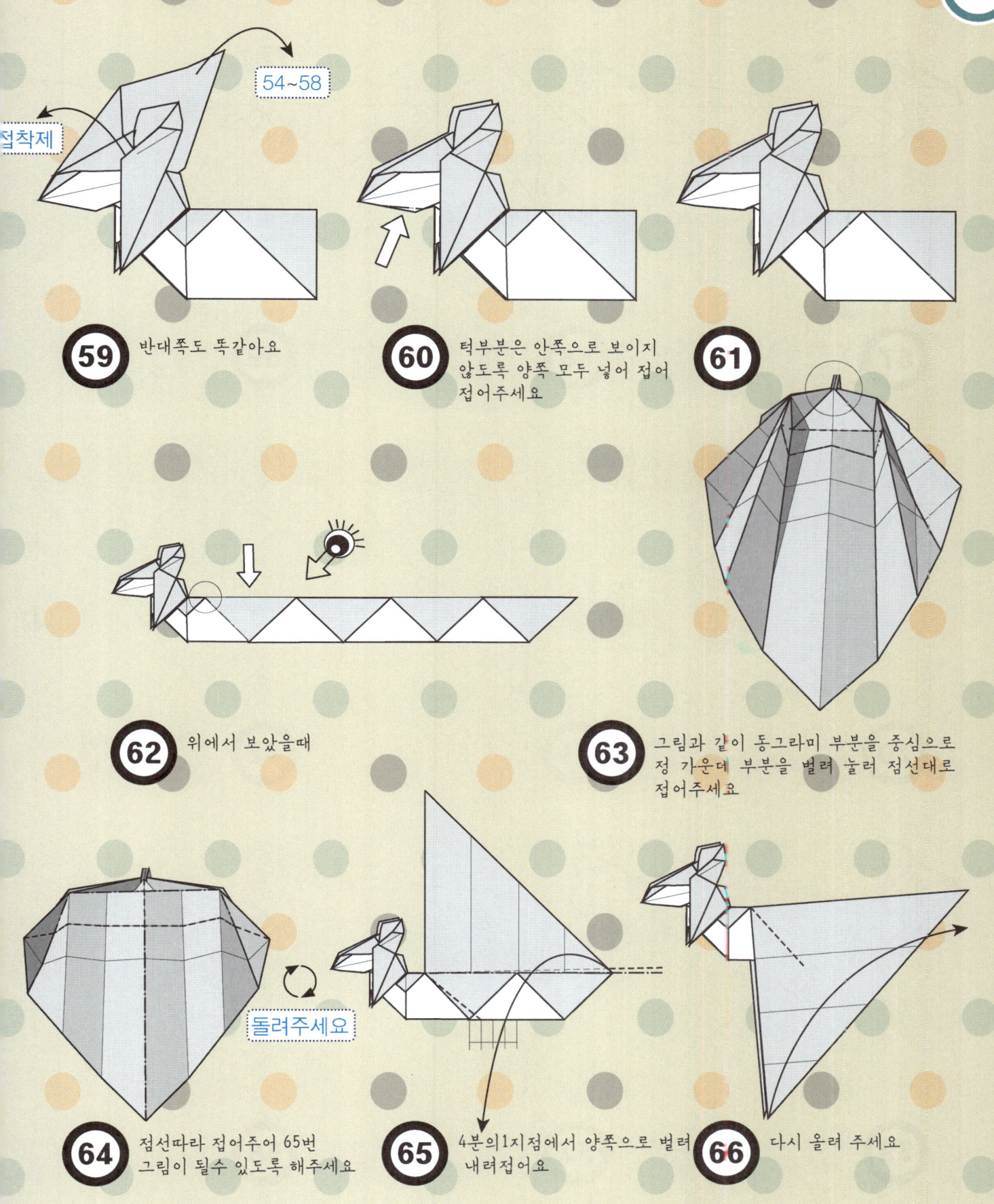

54~58

접착제

59 반대쪽도 똑같아요

60 턱부분은 안쪽으로 보이지
않도록 양쪽 모두 넣어 접어
접어주세요

61

62 위에서 보았을때

63 그림과 같이 동그라미 부분을 중심으로
정 가운데 부분을 벌려 눌러 점선대로
접어주세요

돌려주세요

64 점선따라 접어주어 65번
그림이 될수 있도록 해주세요

65 4분의1지점에서 양쪽으로 벌려
내려접어요

66 다시 올려 주세요

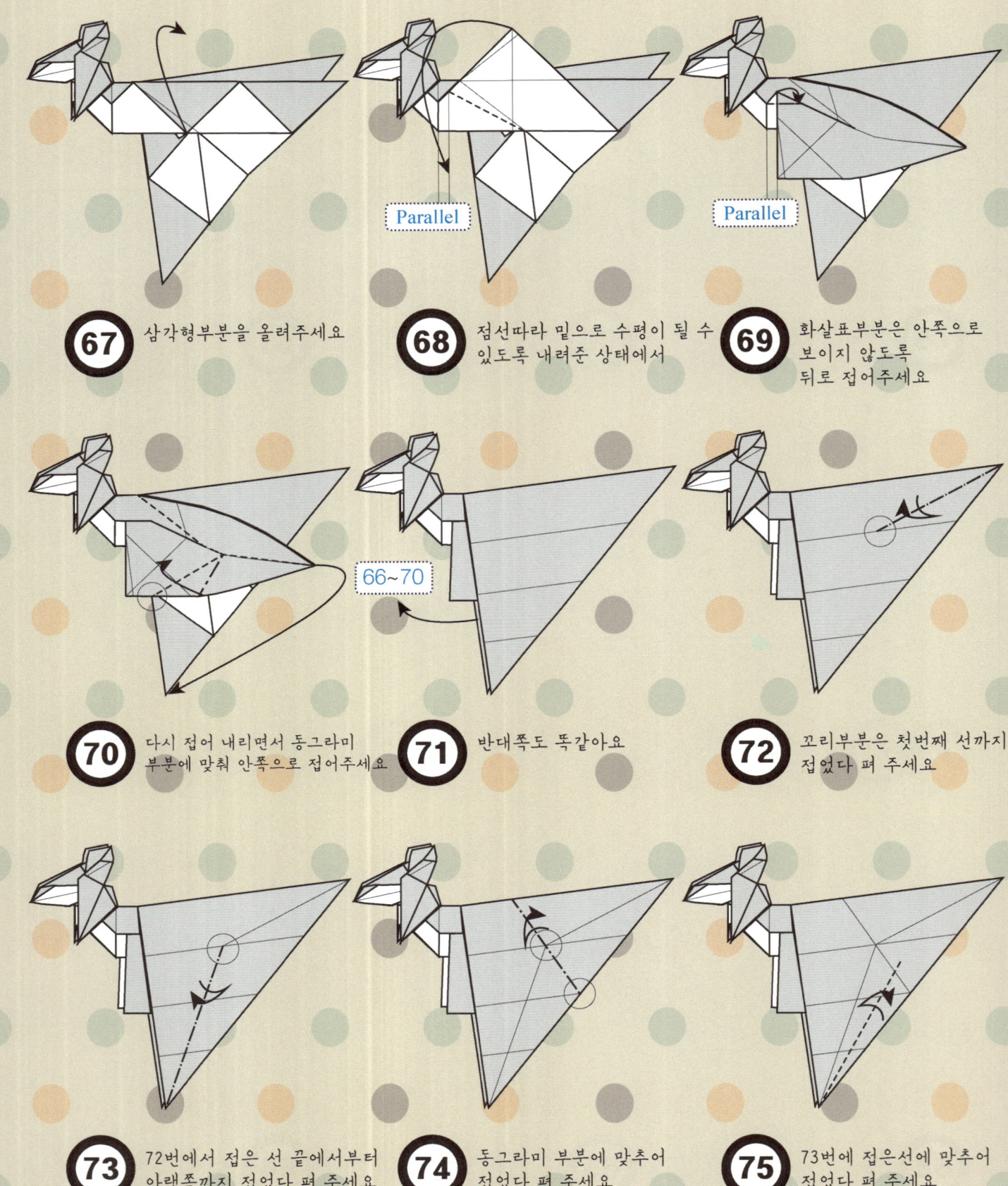

Parallel

Parallel

67 삼각형부분을 올려주세요

68 점선따라 밑으로 수평이 될 수 있도록 내려준 상태에서

69 화살표부분은 안쪽으로 보이지 않도록 뒤로 접어주세요

66~70

70 다시 접어 내리면서 동그라미 부분에 맞춰 안쪽으로 접어주세요

71 반대쪽도 똑같아요

72 꼬리부분은 첫번째 선까지 접었다 펴 주세요

73 72번에서 접은 선 끝에서부터 아랫쪽까지 접었다 펴 주세요

74 동그라미 부분에 맞추어 접었다 펴 주세요

75 73번에 접은선에 맞추어 접었다 펴 주세요

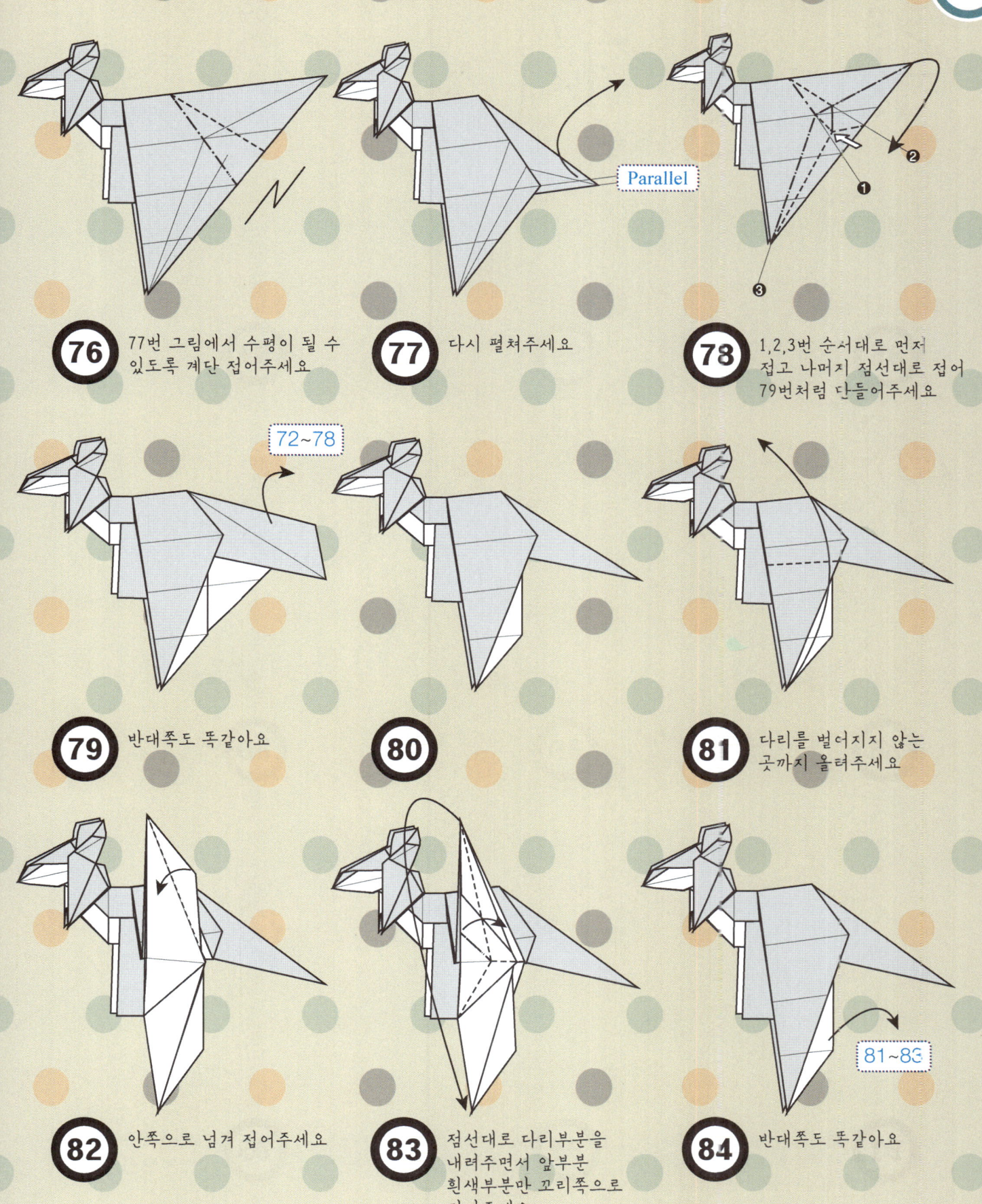

76 77번 그림에서 수평이 될 수 있도록 계단 접어주세요

77 다시 펼쳐주세요

Parallel

78 1,2,3번 순서대로 먼저 접고 나머지 점선대로 접어 79번처럼 만들어주세요

72~78

79 반대쪽도 똑같아요

80

81 다리를 벌어지지 않는 곳까지 올려주세요

82 안쪽으로 넘겨 접어주세요

83 점선대로 다리부분을 내려주면서 앞부분 흰색부분만 꼬리쪽으로 접어주세요

84 반대쪽도 똑같아요

81~83

85 4분의1 지점까지 접었다 펴 주세요

86 85번에서 접어준 선 윗부분과 꼬리 시작부분까지 접었다 펴 주세요

87 그림에서 보이는 4분의1 지점까지 모아 접어주세요

88 그림처럼 3분에 1지점에서 앞으로 꺽어 올려주세요

89 반대쪽도 똑같아요

85~88

90 주머니부분 밑에서 올려보세

91 겹처모아 윗부분은 통채로 안쪽으로 처리해주세요 (접착제로 고정해주세요)

92 선을 만들어주고 손가락을 이용해 안쪽으로 넣어 접어요

93 주머니 윗쪽 가슴부분은 그림처럼 안쪽으로 접어주세

어미 완성

94 코부분은 살짝 위로
올려주세요

캥거루 아기

01 중앙을 기준으로 반씩 접었다
펴 주세요

02 반 접었다 펴 주세요

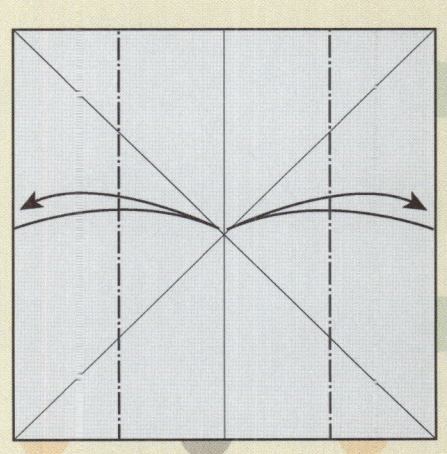

03 중앙을 기준으로 양쪽 다
접었다 펴 주세요

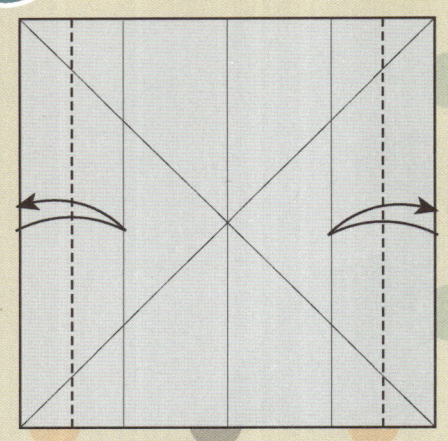

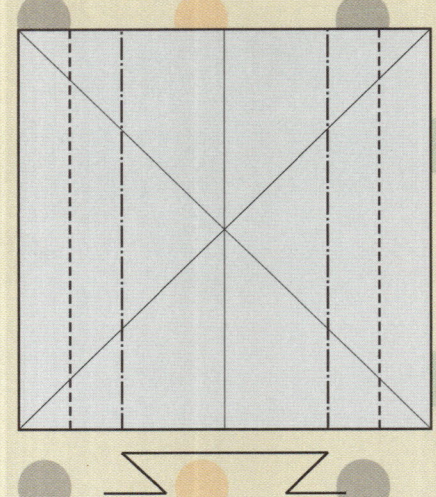

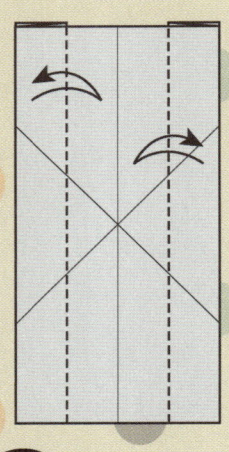

04 3번에서 접은 선을 기준으로 접었다 펴 주세요

05 그림처럼 계단접기 해주세요

06 중앙을 기준으로 접었다 펴주세요

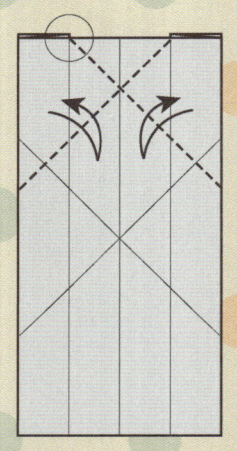

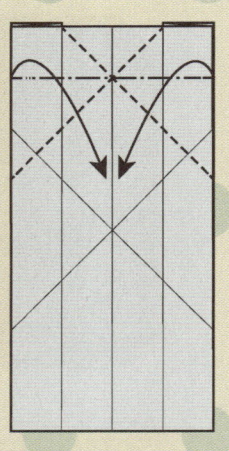

07 동그라미를 기준으로 대각선으로 접었다 펴 주세요

08 7번에서 마주하는 점을 기준으로 접었다 펴 주세요

09 삼각주머니 형태로 접어 주세요

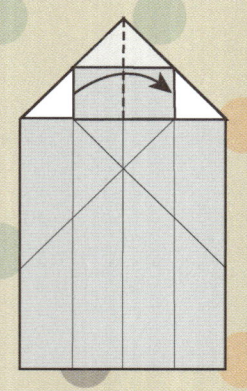

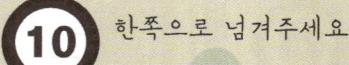

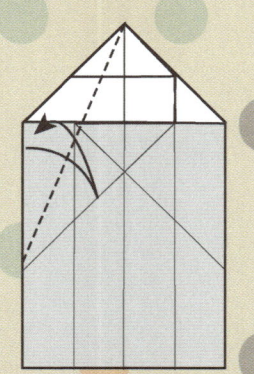

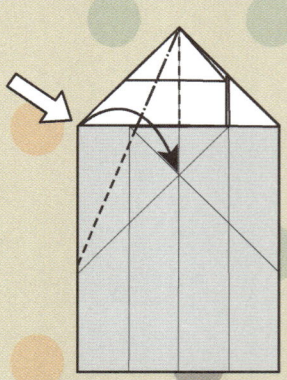

10 한쪽으로 넘겨주세요

11 중앙을 기준으로 접었다 펴 주세요

12 중앙을 기준으로 벌려주어 오른쪽으로 넘겨접어요

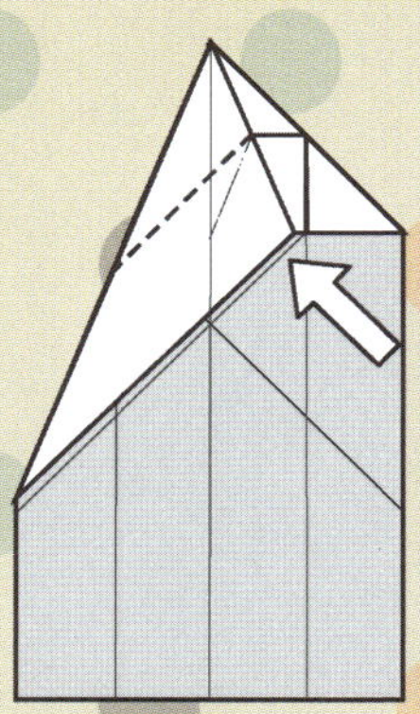

13 점선따라 벌려주어 넘겨주세요
(점선대로 접어주면 14번 그림처
럼 밑부분이 살짝 떠져요)

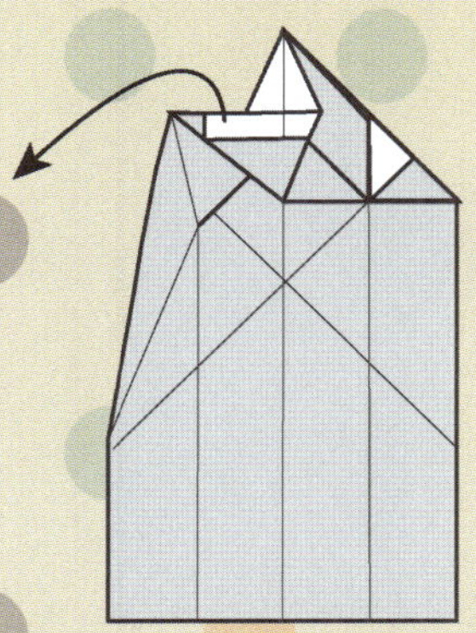

14 다시 펼쳐주세요

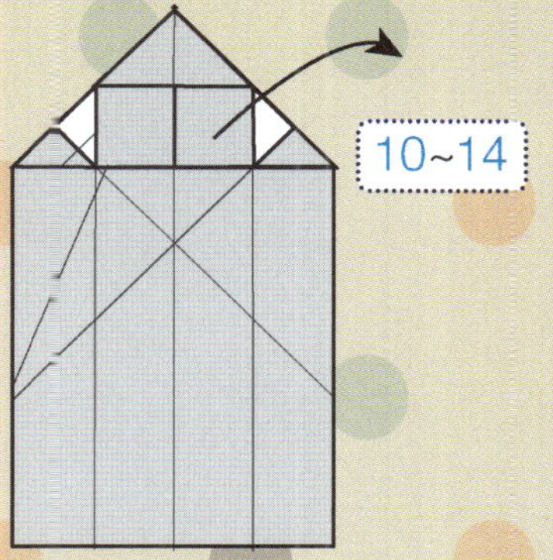

15 반대쪽도 같아요

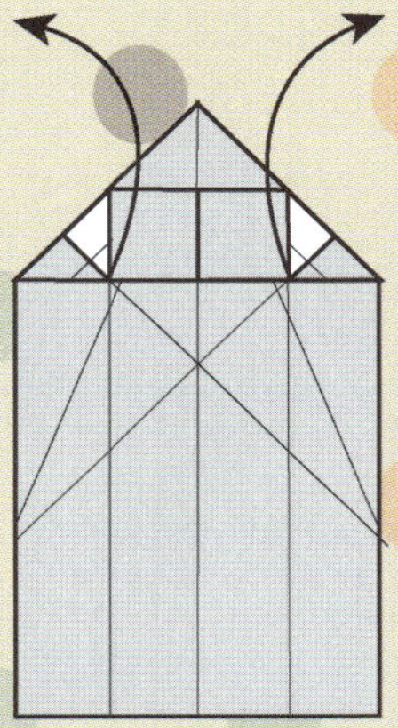

16 펼쳐주세요

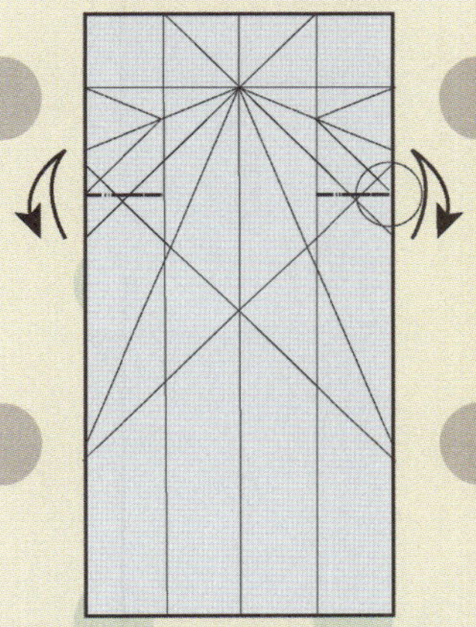

17 동그라미를 기준으로 점선따라
접었다 펴 주세요

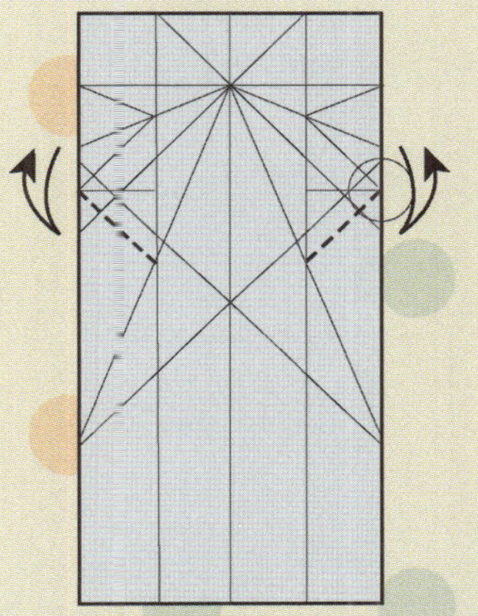

18 17번에서 접은 선 끝에
맞춰 접었다 펴 주세요

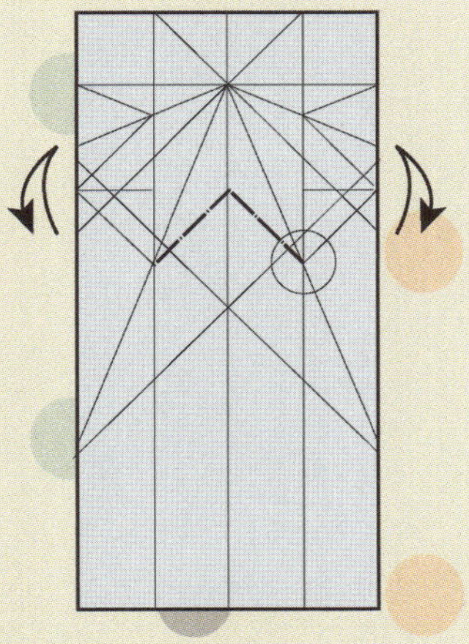

19 18번에서 접은 선
끝에 맞춰
접었다 펴 주세요

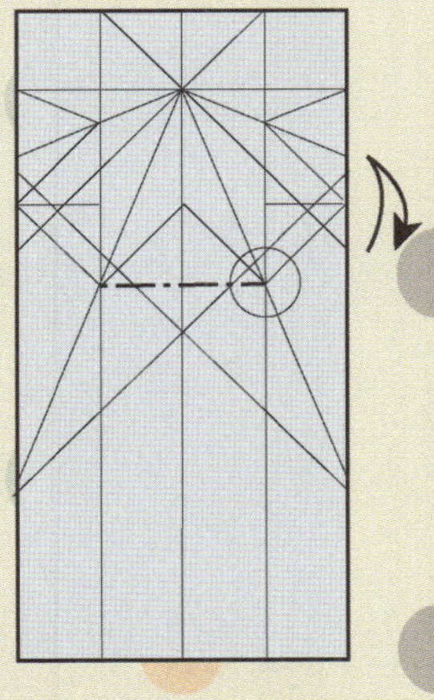

20 19번에서 접은 선 끝에 맞춰
접었다 펴 주세요

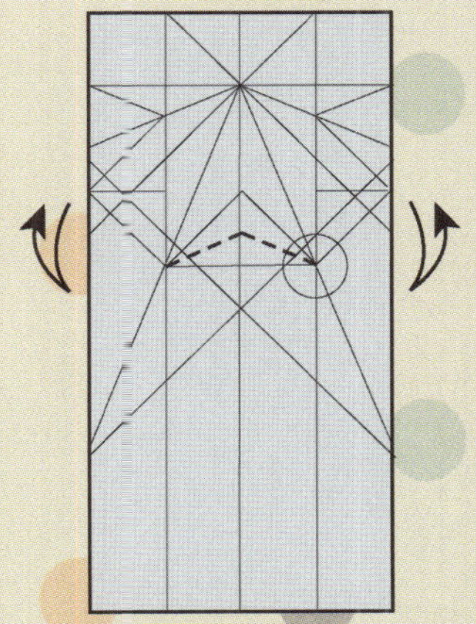

21 19번과 20번에서 접은 선
중앙부분에 그림에서처럼
접었다 펴 주세요

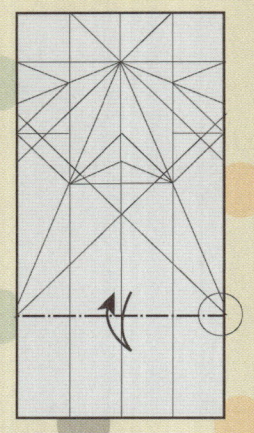

22 점선대로 접었다 펴 주세요

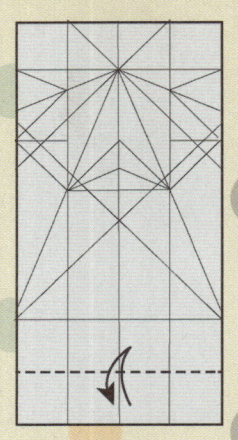

23 22번에서 접은 선 끝에 맞춰 접었다 펴 주세요

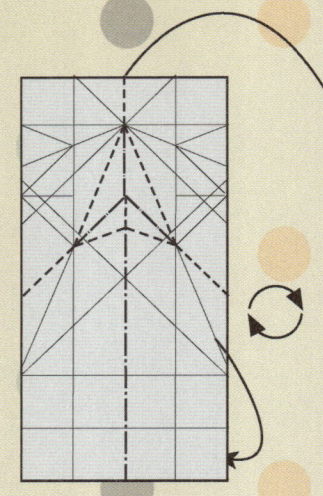

24 그림과 같이 점선따라 접어주세요

25 벌려서 안쪽으로 접어주세요

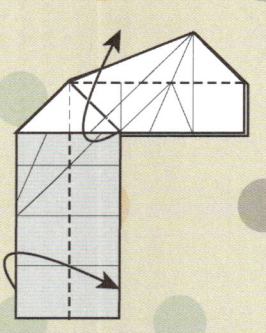

26 윗부분을 점선대로 올리면서 밑에부분은 오른쪽으로 벌려 주어 올려접어요

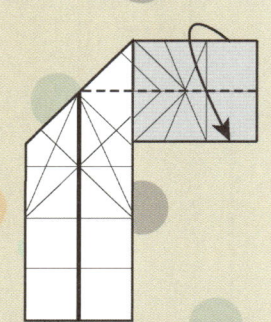

27 밑으로 내려접어요

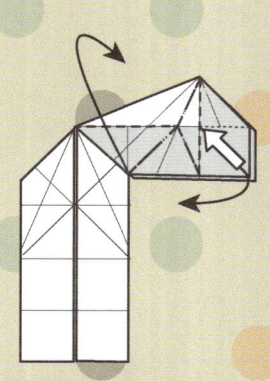

28 점선따라 29번 그림이 될 수 있도록 접어주세요

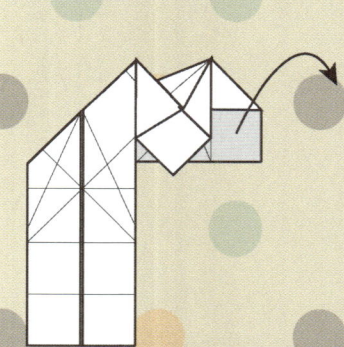

29 반대쪽도 똑같아요

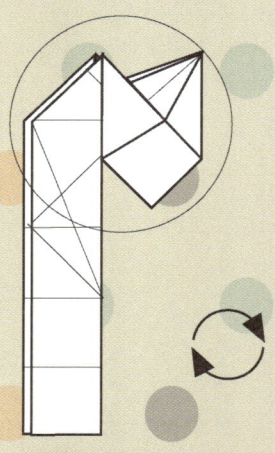

30 확대보기

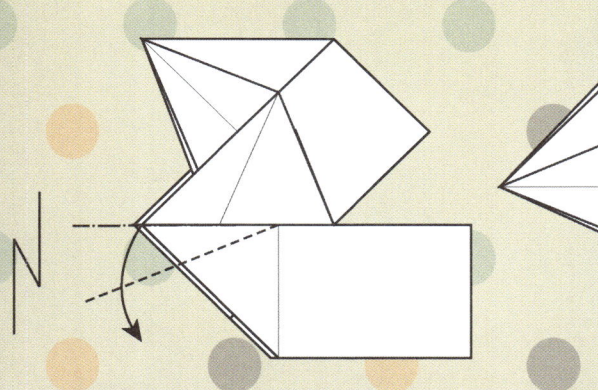

31 그림처럼 계단접기
(안쪽부분은 한쪽으로 계단접
어 주세요)

32 접었다 펴 주세요

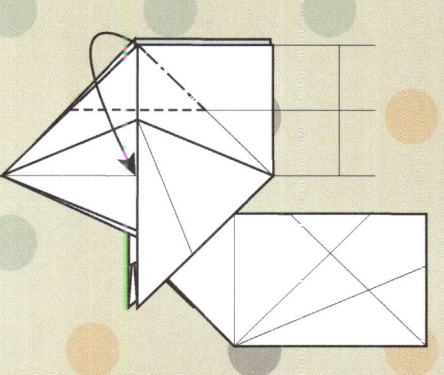

33 2분의1 지점에 맞춰
내려접어요

34 33번에서 벌어진부분은 점선
대로 접으면서 윗부분은 동굴
어 질 수 있도록 처리해주세요

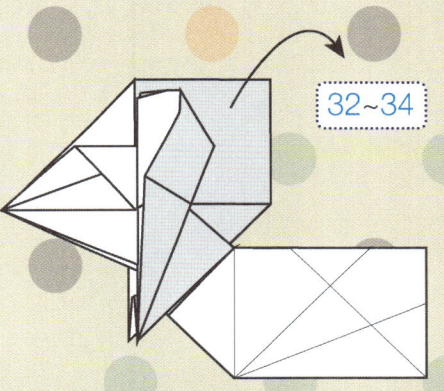

32~34

35 반대쪽도 똑같아요

36 위에서 보았을때

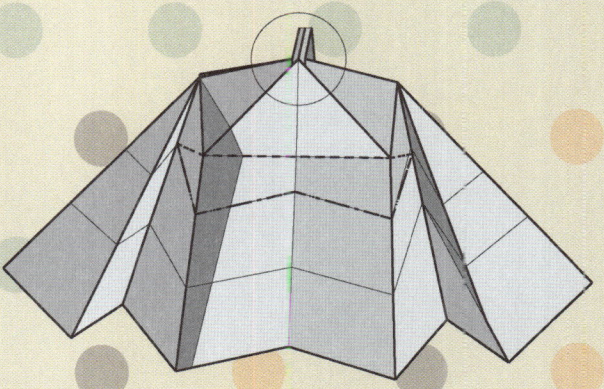

37 그림과 같이 동그라미 부분을 중심으로 정 가운데
부분을 벌려 눌러 점선대로 접어주세요

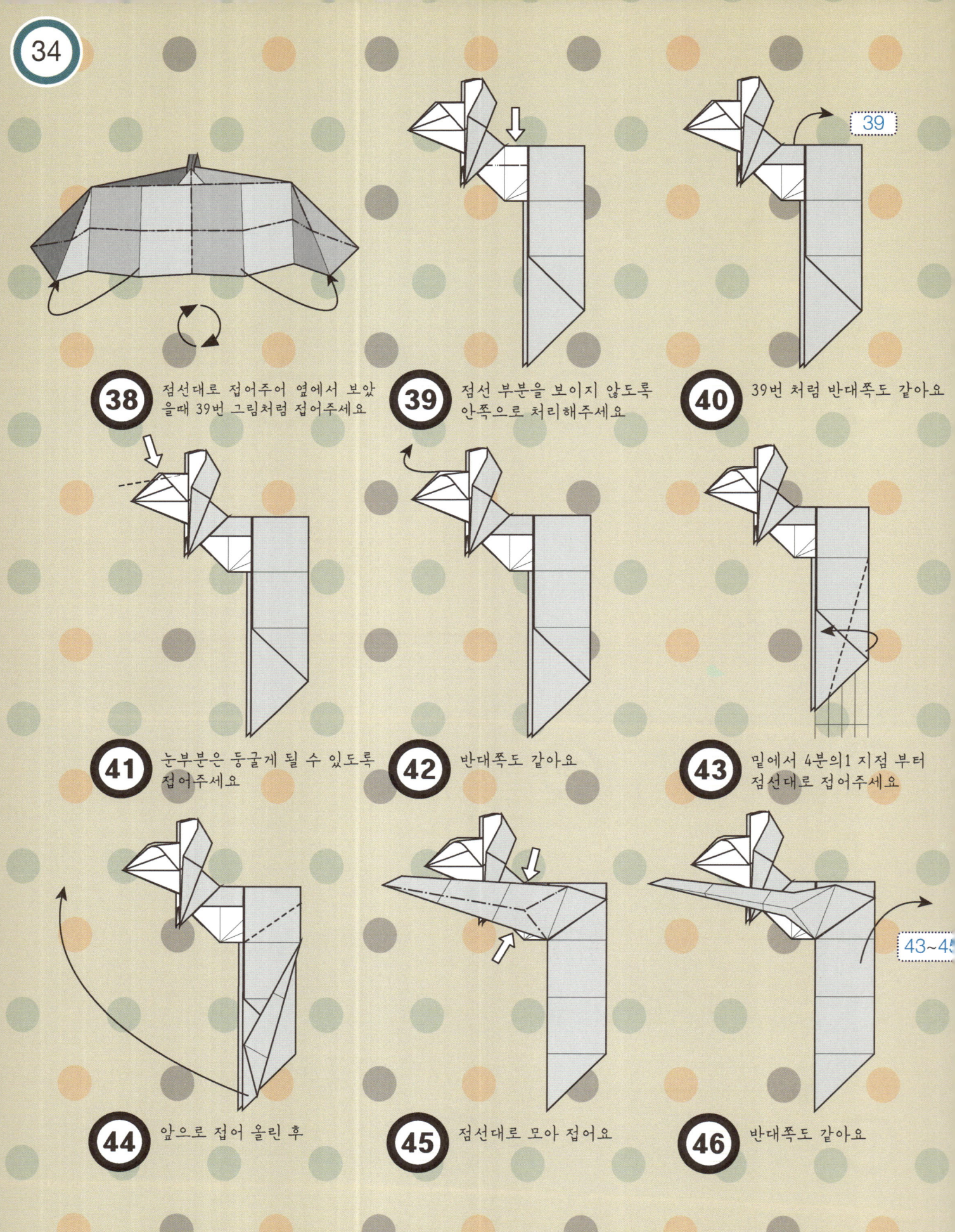

38 점선대로 접어주어 옆에서 보았을때 39번 그림처럼 접어주세요

39 점선 부분을 보이지 않도록 안쪽으로 처리해주세요

40 39번 처럼 반대쪽도 같아요

39

41 눈부분은 둥글게 될 수 있도록 접어주세요

42 반대쪽도 같아요

43 밑에서 4분의 1 지점 부터 점선대로 접어주세요

44 앞으로 접어 올린 후

45 점선대로 모아 접어요

46 반대쪽도 같아요

43~45

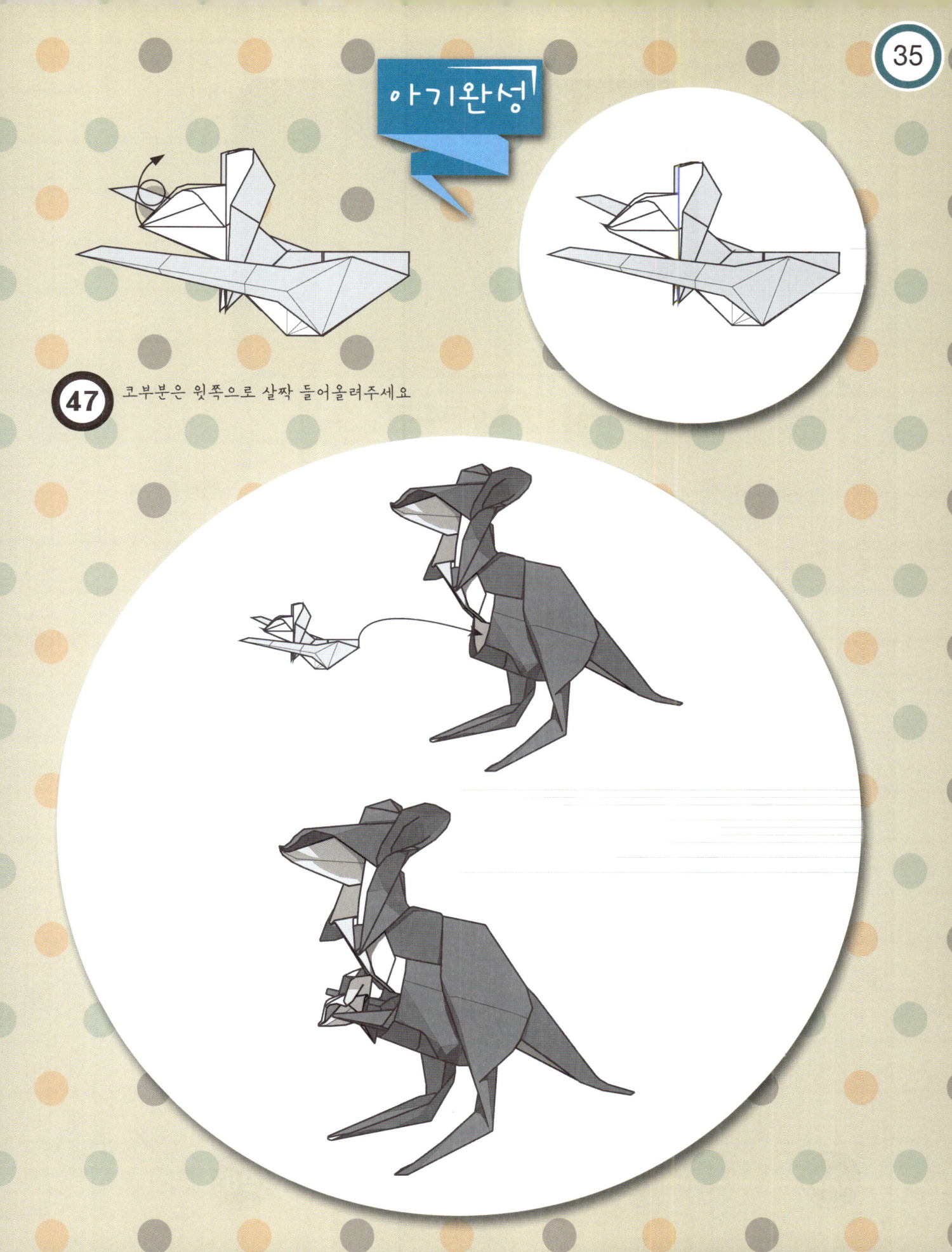

아기완성

47 코부분은 윗쪽으로 살짝 들어올려주세요

캥거루쥐

정사각형

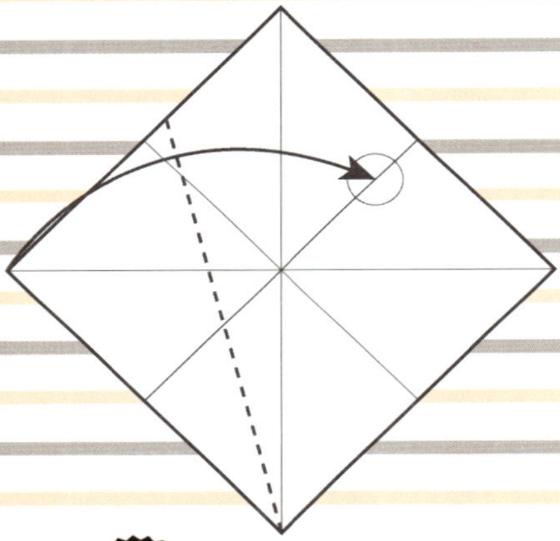

01 동그라미 맞추어 접어주세요

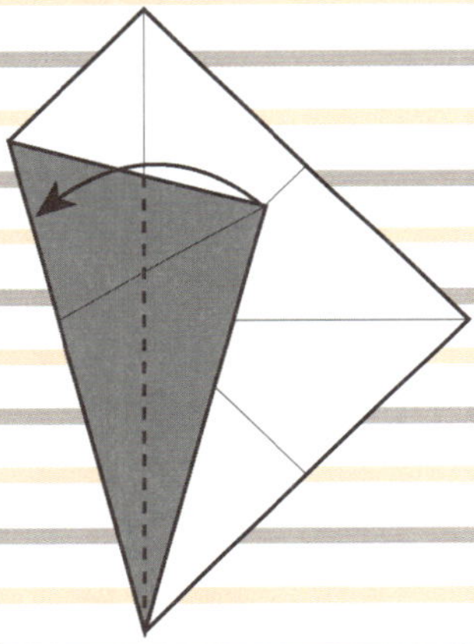

02 반접어 벌려주세요

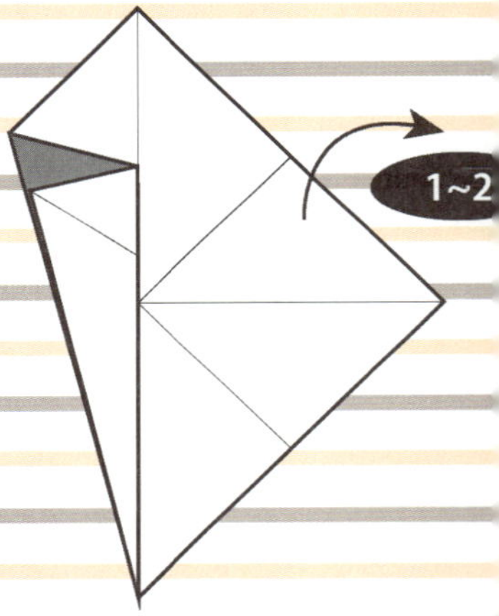

03 반대쪽도 똑같이

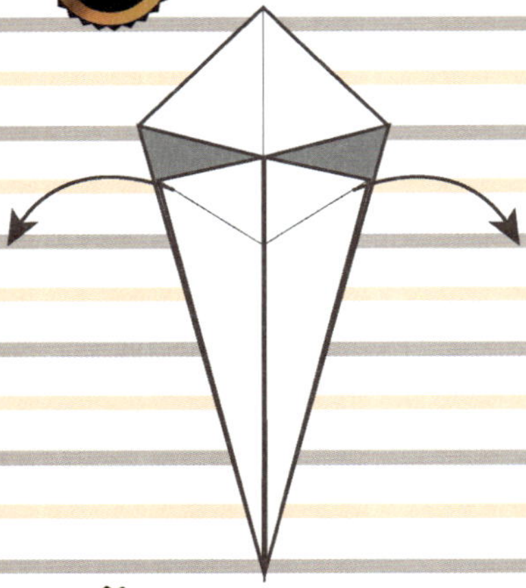

1~2

04 다시 펼쳐 주세요

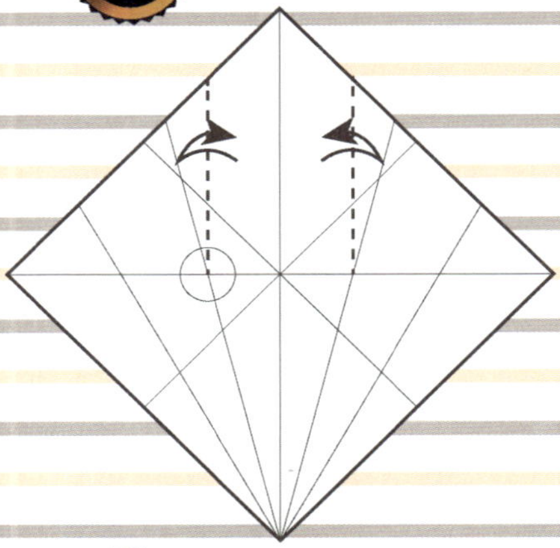

05 동그라미에 맞춰 선을 접었다 펴주세요

06 마찬가지로 동그라미에 맞춰 윗쪽이 90°각이 되도록 뒤로 접었다 펴주세

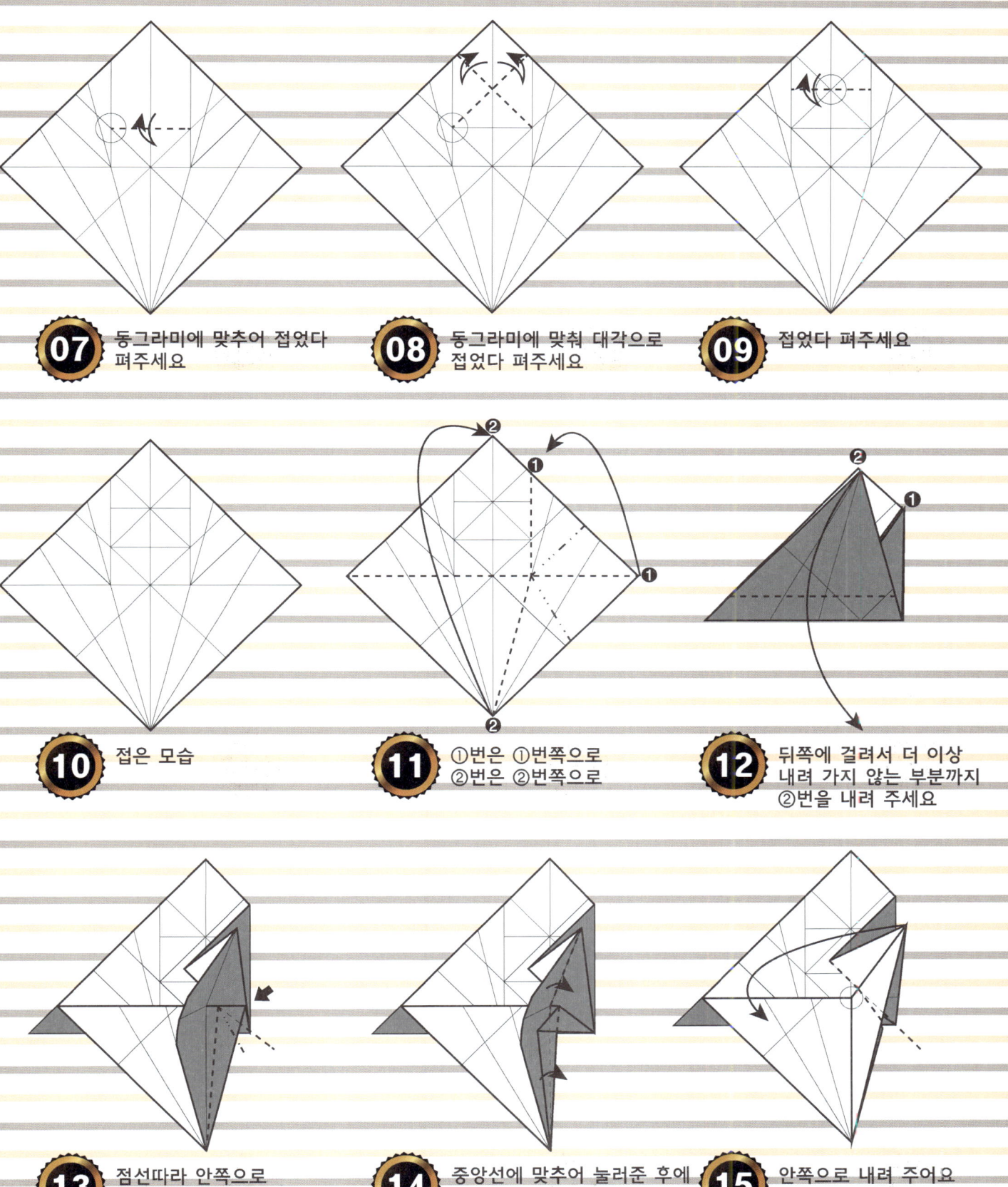

07 동그라미에 맞추어 접었다 펴주세요

08 동그라미에 맞춰 대각으로 접었다 펴주세요

09 접었다 펴주세요

10 접은 모습

11 ①번은 ①번쪽으로 ②번은 ②번쪽으로

12 뒤쪽에 걸려서 더 이상 내려 가지 않는 부분까지 ②번을 내려 주세요

13 점선따라 안쪽으로 벌려 눌러 주세요

14 중앙선에 맞추어 눌러준 후에

15 안쪽으로 내려 주어요

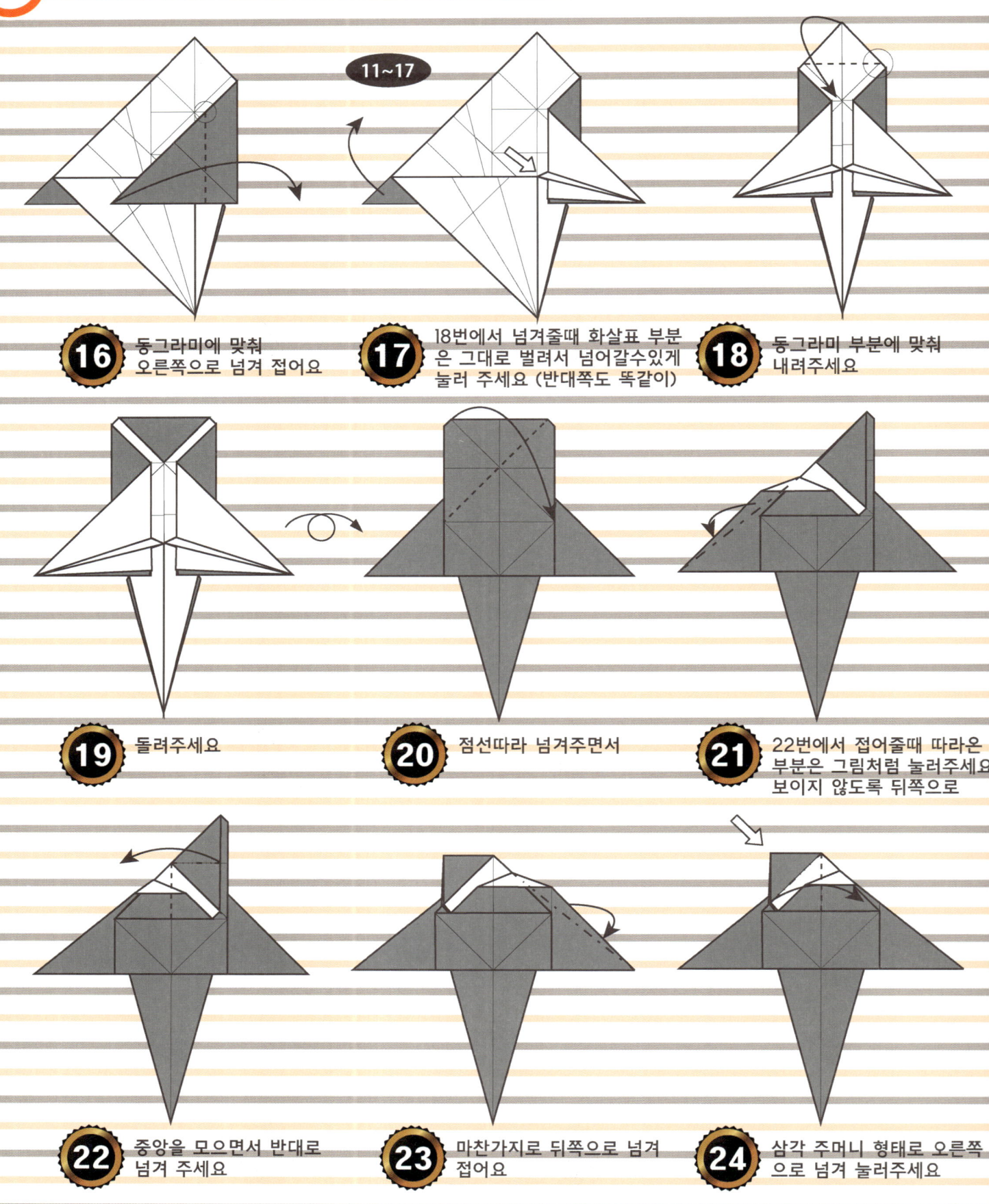

11~17

16 동그라미에 맞춰 오른쪽으로 넘겨 접어요

17 18번에서 넘겨줄때 화살표 부분은 그대로 벌려서 넘어갈수있게 눌러 주세요 (반대쪽도 똑같이)

18 동그라미 부분에 맞춰 내려주세요

19 돌려주세요

20 점선따라 넘겨주면서

21 22번에서 접어줄때 따라온 부분은 그림처럼 눌러주세요 보이지 않도록 뒤쪽으로

22 중앙을 모으면서 반대로 넘겨 주세요

23 마찬가지로 뒤쪽으로 넘겨 접어요

24 삼각 주머니 형태로 오른쪽으로 넘겨 눌러주세요

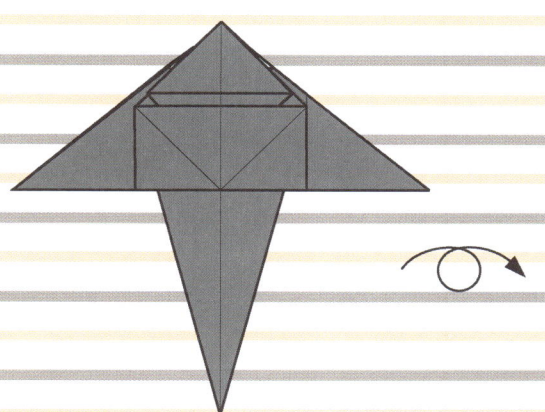

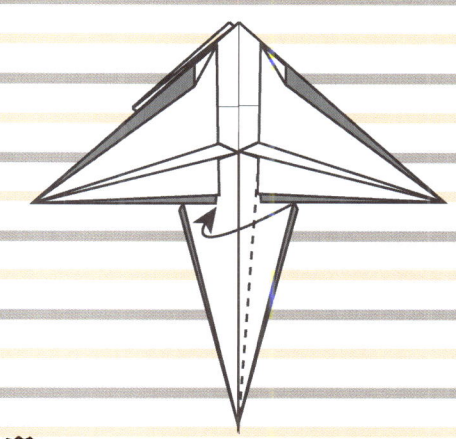

 뒤로 돌려 주세요

26 밑에 있는 부분을 안쪽으로
끄집어 내어 1/3정도 접어 주세요

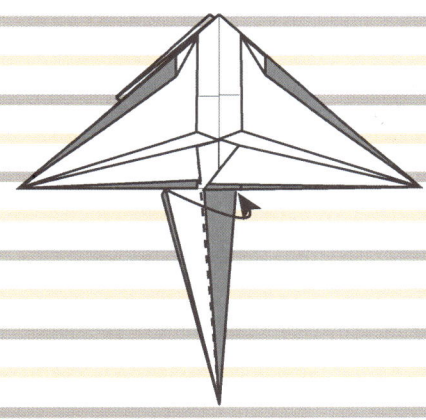

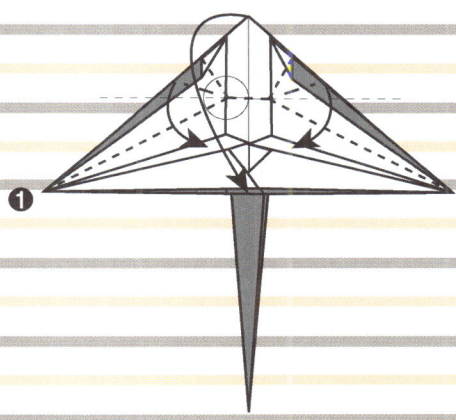

27 반대쪽도 같이 위쪽으로 접어주세요

28 동그라미 속 선끝을 기준으로 먼저 1번
까지 접어준 후 나머지 점선 따라 내려
주세요

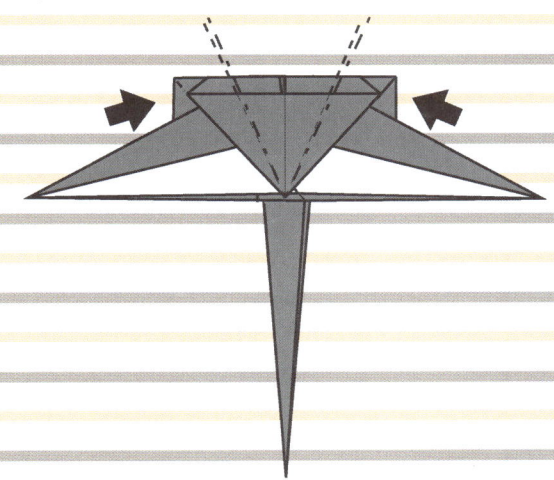

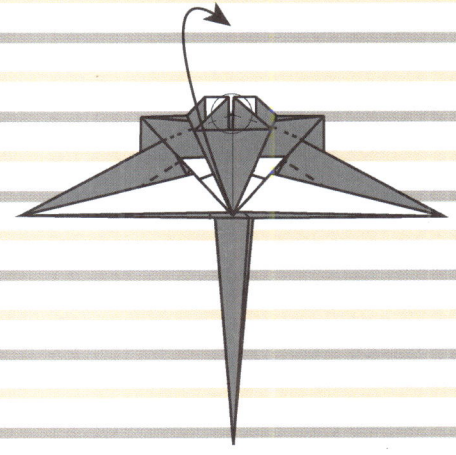

 삼각 주머니 부분을 안쪽으로 벌려
넣어주세요

30 점선따라 머리부분을 들어준후

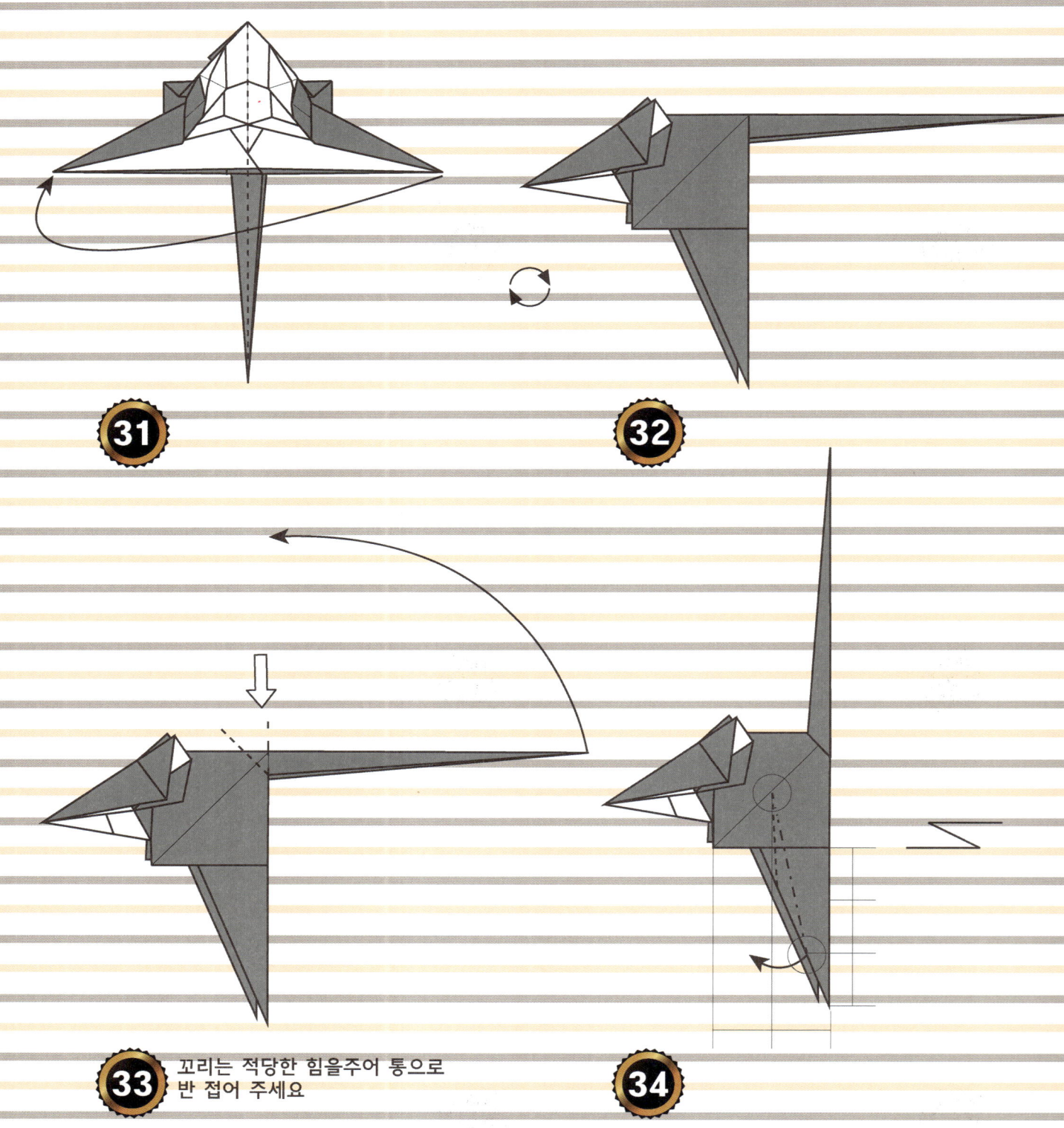

31

32

33 꼬리는 적당한 힘을주어 통으로
반 접어 주세요

34

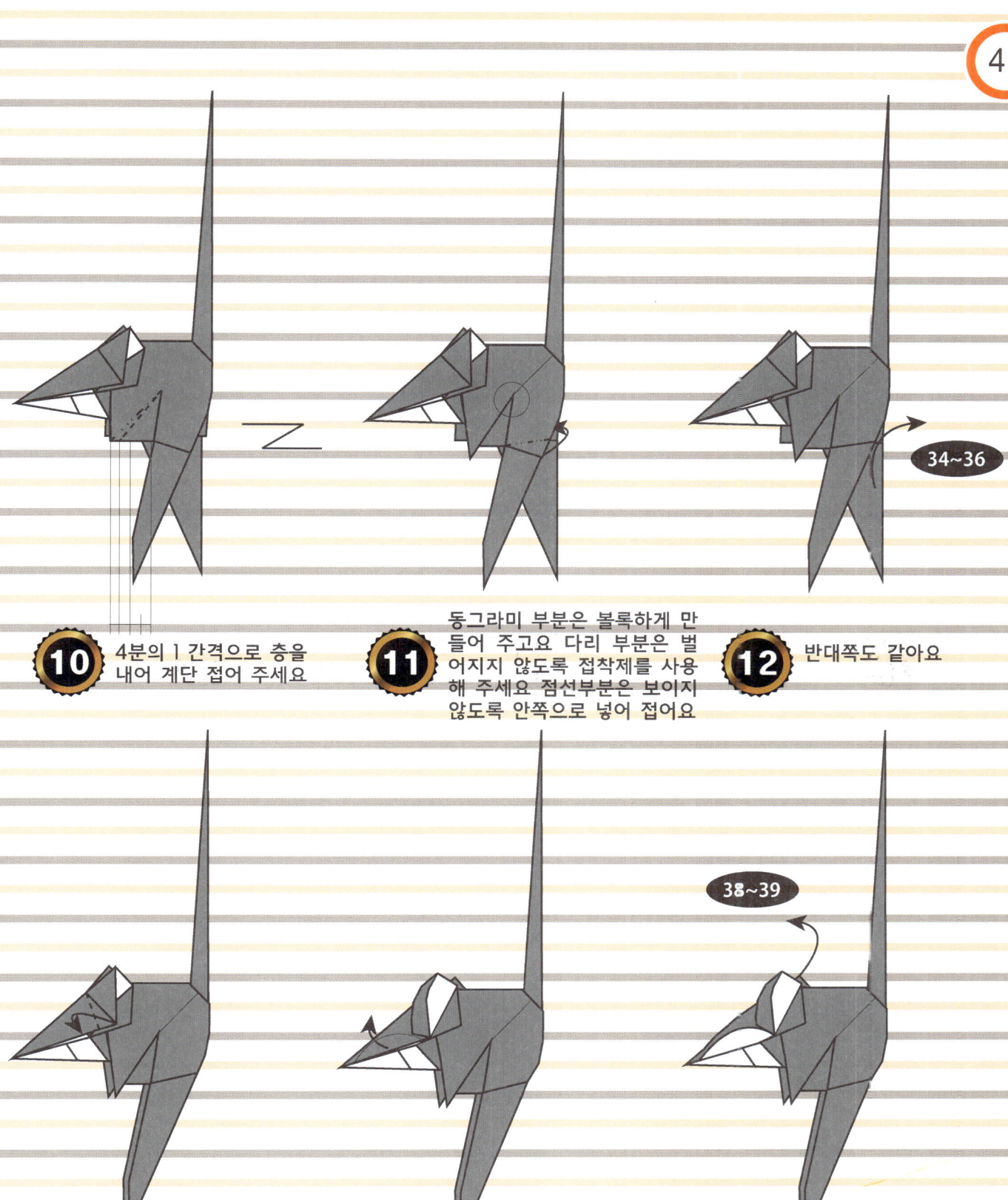

10 4분의 1 간격으로 층을
내어 계단 접어 주세요

11 동그라미 부분은 볼록하게 만
들어 주고요 다리 부분은 벌
어지지 않도록 접착제를 사용
해 주세요 점선부분은 보이지
않도록 안쪽으로 넣어 접어요

12 반대쪽도 같아요

34~36

38~39

10 귀는 점선대로 앞쪽으로
눌러 접어요

11 눈 모양이 될 수 있도록
둥글게 올려 주세요

12 반대쪽 귀와 눈도
같이 접어주세요

10 눈 밑에는 산접어 살짝
안쪽으로 접어주세요

11 코 부분은 위쪽으로
올려 주세요

12 점선따라 앞쪽으로
접어주세요

10 앞다리는 살짝
둥글게 모아 주세요

11 꼬리는 말아서
뒷쪽으로
(반대쪽도 동일)

완 성

꼬리를 말아주어 엉덩이 부분이
벌어지지 않도록 고정해주세요

시베리안 허스키

정사각형

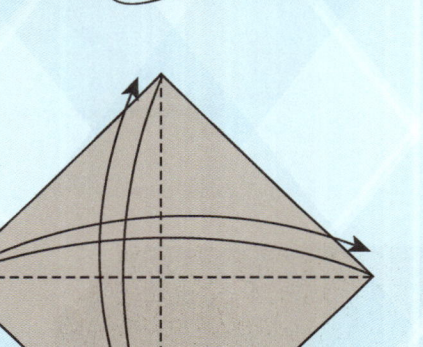

01 중앙을 기준으로 반씩 접었다
펴 주세요

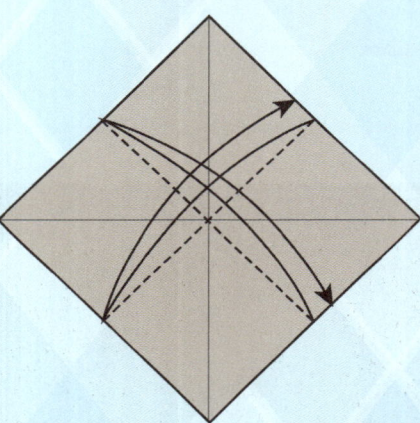

02 대각선으로 점선따라 접었다
펴 주세요

03 동그라미 부분에 맞춰
접었다 펴 주세요

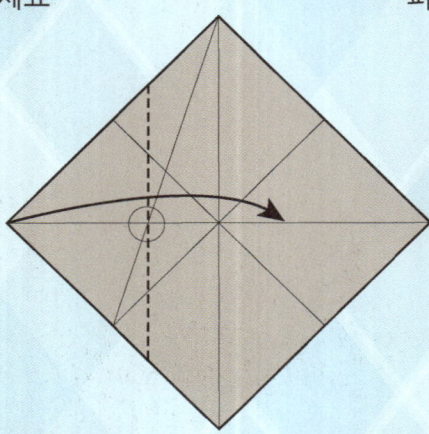

04 3번에서 접은 선과 마주하는
선을 중심으로 안쪽으로 접어
주세요

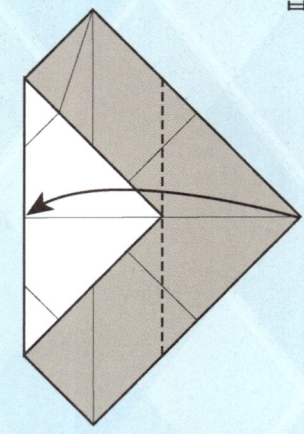

05 반대쪽도 같아요

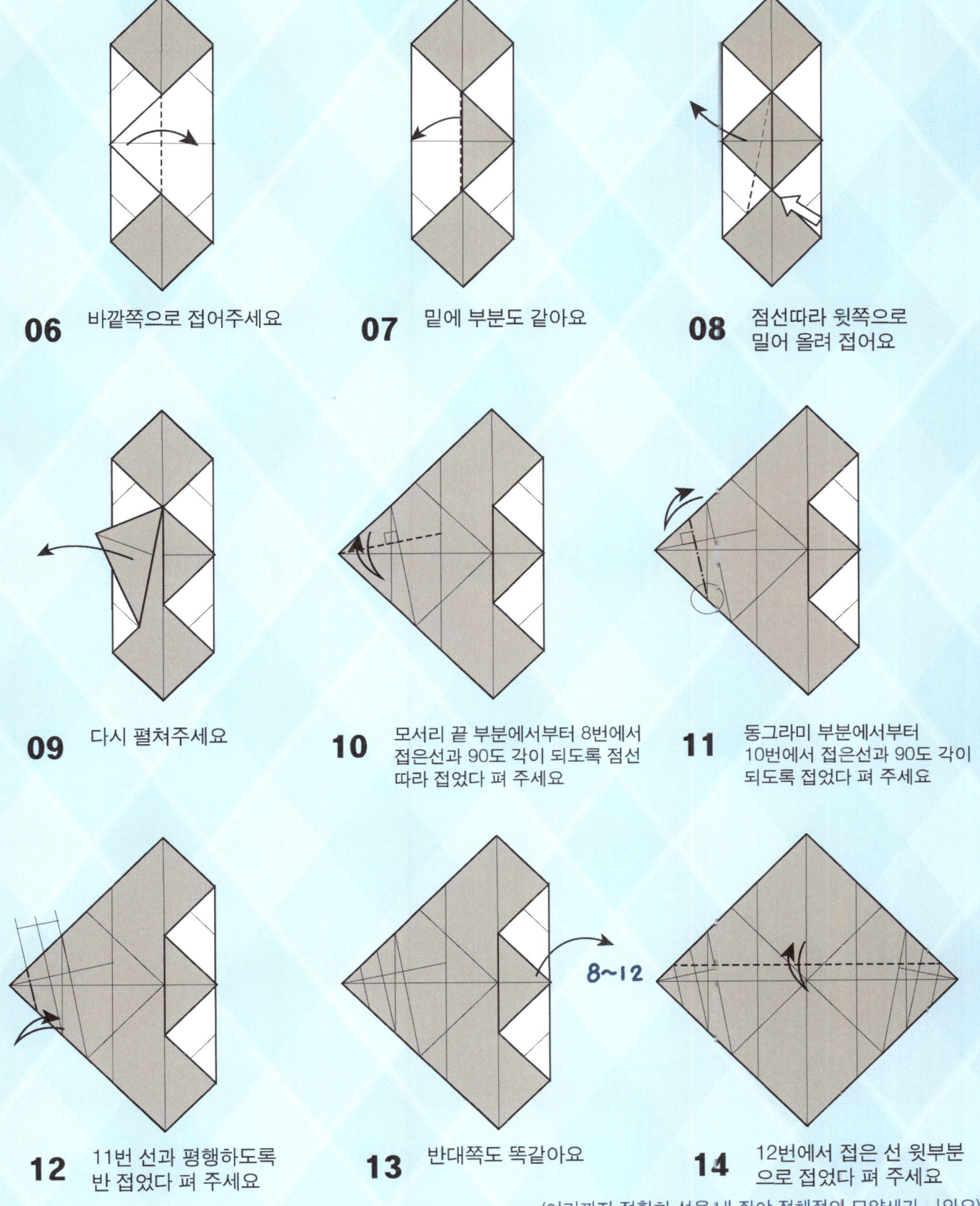

06 바깥쪽으로 접어주세요

07 밑에 부분도 같아요

08 점선따라 윗쪽으로 밀어 올려 접어요

09 다시 펼쳐주세요

10 모서리 끝 부분에서부터 8번에서 접은선과 90도 각이 되도록 점선 따라 접었다 펴 주세요

11 동그라미 부분에서부터 10번에서 접은선과 90도 각이 되도록 접었다 펴 주세요

8~12

12 11번 선과 평행하도록 반 접었다 펴 주세요

13 반대쪽도 똑같아요

14 12번에서 접은 선 윗부분 으로 접었다 펴 주세요

(여기까지 정확히 선을 내 줘야 전체적인 모양새가 나와요)

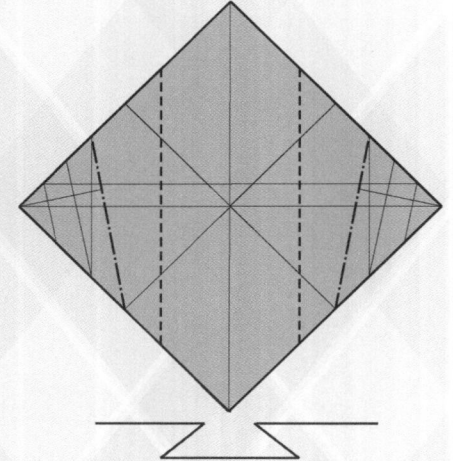

15 양쪽을 계단식으로
접어주세요

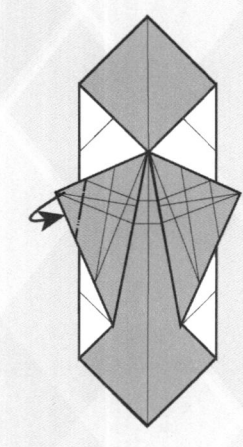

16 점선따라 뒷쪽으로
접어주세요

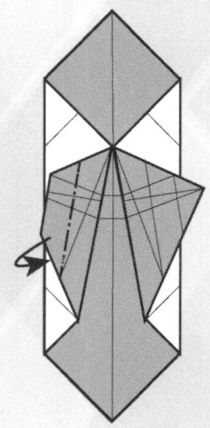

17 다시 한 번 뒷쪽으로
접어주세요

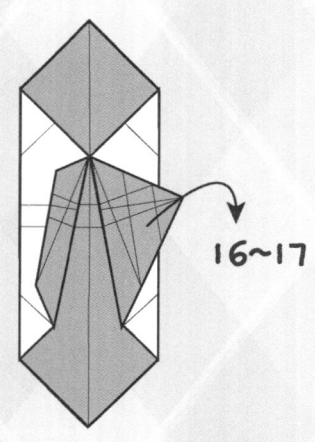

18 반대쪽도 똑같아요

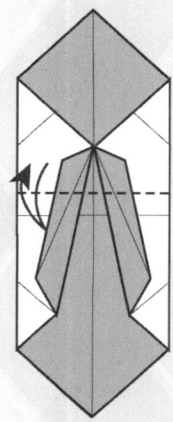

19 14번에서 접은 선에 맞춰
접었다 펴 주세요

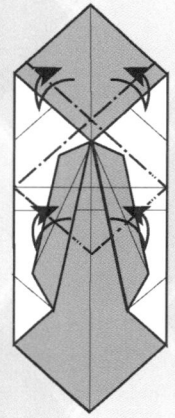

20 19번에서 접은 선을 기준
으로 그림처럼 대각선
으로 접었다 펴 주세요

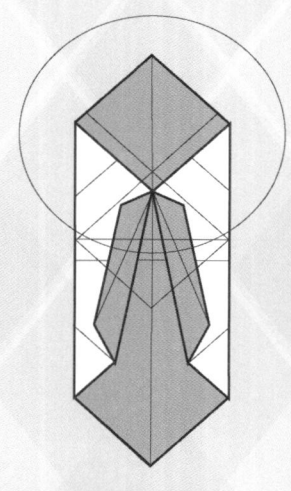

21 확대 보기

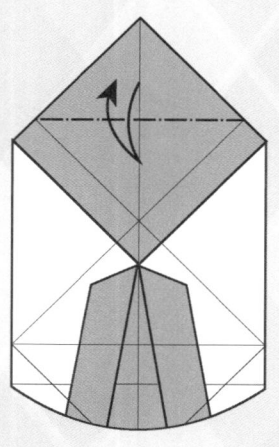

22 점선따라 접었다 펴 주세요

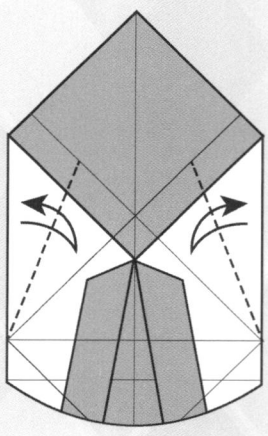

23 20번에서 접은 선에 맞춰
접었다 펴 주세요

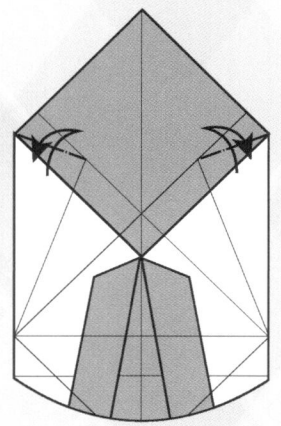

24 23번에서 접었던 선 윗쪽에 맞춰 접었다 펴 주세요

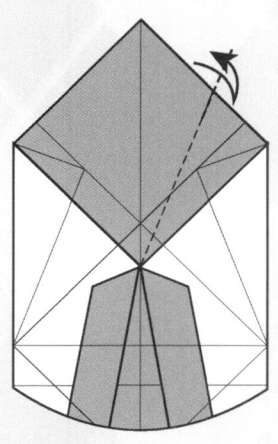

25 맨 윗 부분만 접었다 펴 주세요

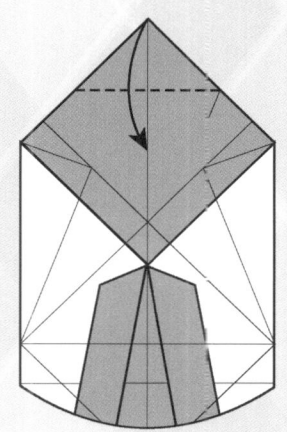

26 25번에서 접은선에 맞춰 밑으로 내려 접어요

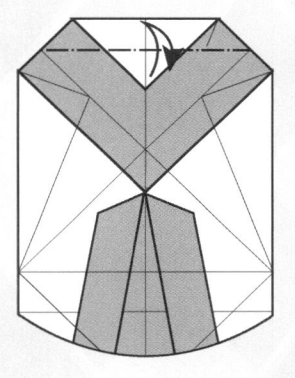

확대보기

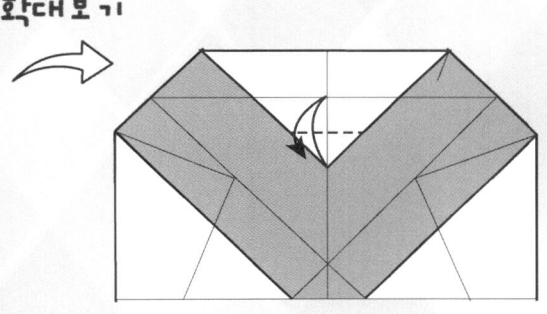

27 점선따라 접었다 펴 주세요

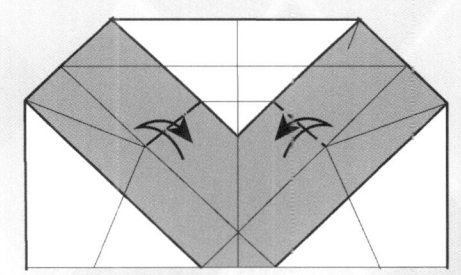

28 점선따라 접었다 펴 주세요

29 28번에서 접어준 선에 맞춰 대각선으로 접었다 펴 주세요

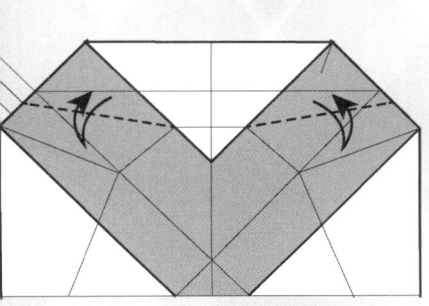

30 그림처럼 3분의1 지점에 맞춰 28번에서 접은 선 끝에 맞게 접었다 펴 주세요

31 그림처럼 2분의1 지점을 기준으로 28에서 접은선 끝에 양쪽으로 접었다 펴 주세요

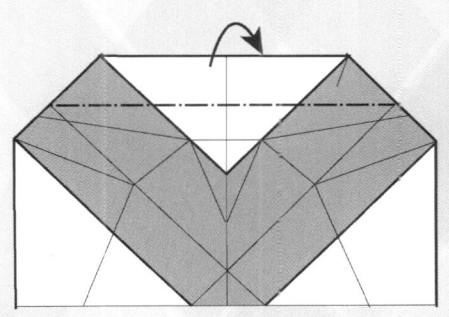

32 점선따라 접었다 펴 주세요

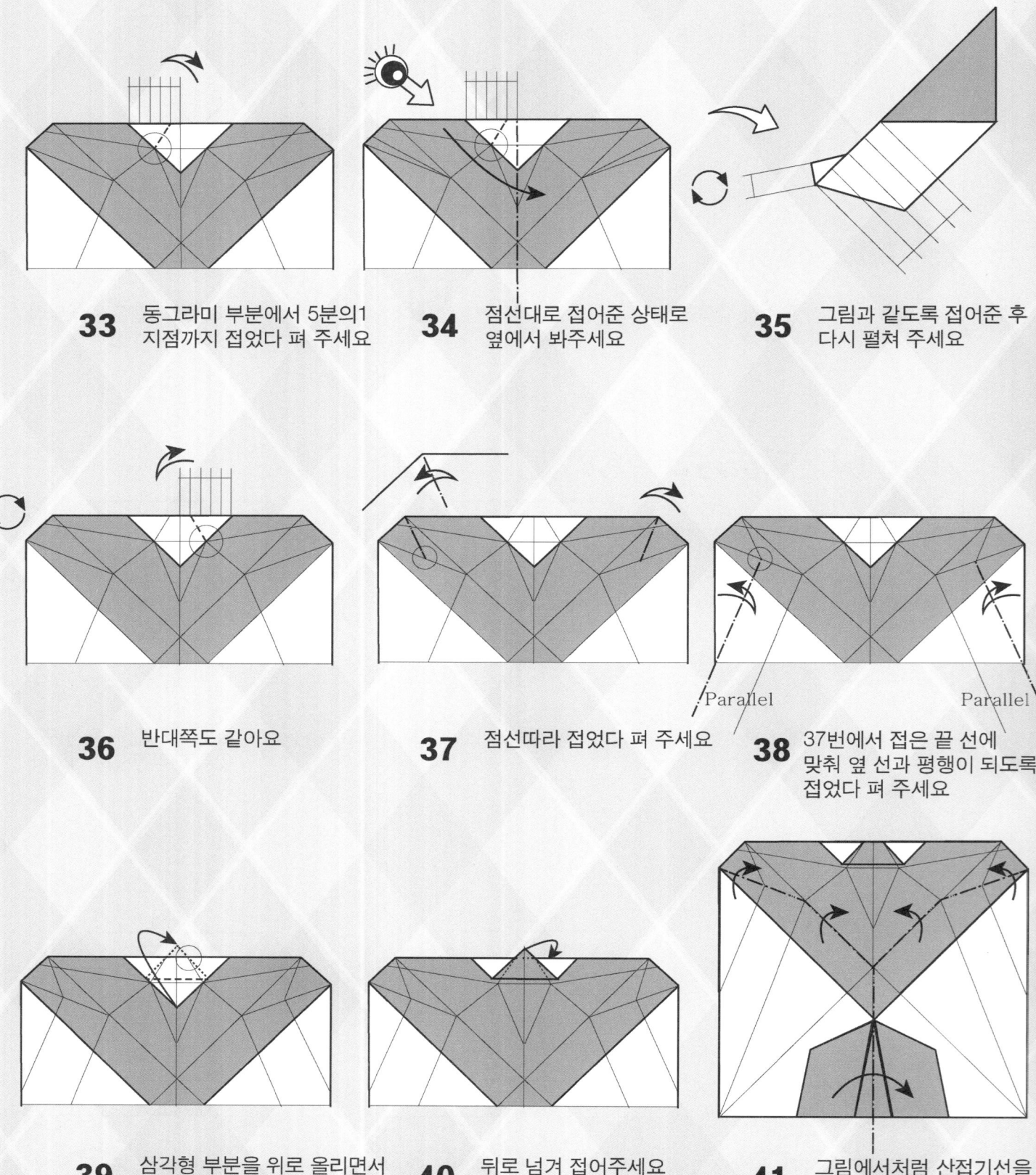

33 동그라미 부분에서 5분의1 지점까지 접었다 펴 주세요

34 점선대로 접어준 상태로 옆에서 봐주세요

35 그림과 같도록 접어준 후 다시 펼쳐 주세요

36 반대쪽도 같아요

37 점선따라 접었다 펴 주세요

38 37번에서 접은 끝 선에 맞춰 옆 선과 평행이 되도록 접었다 펴 주세요

Parallel   Parallel

39 삼각형 부분을 위로 올리면서 33,36번 윗선과 일치하도록 올려 접어주세요

40 뒤로 넘겨 접어주세요

41 그림에서처럼 산접기선을 우선 접어주세요

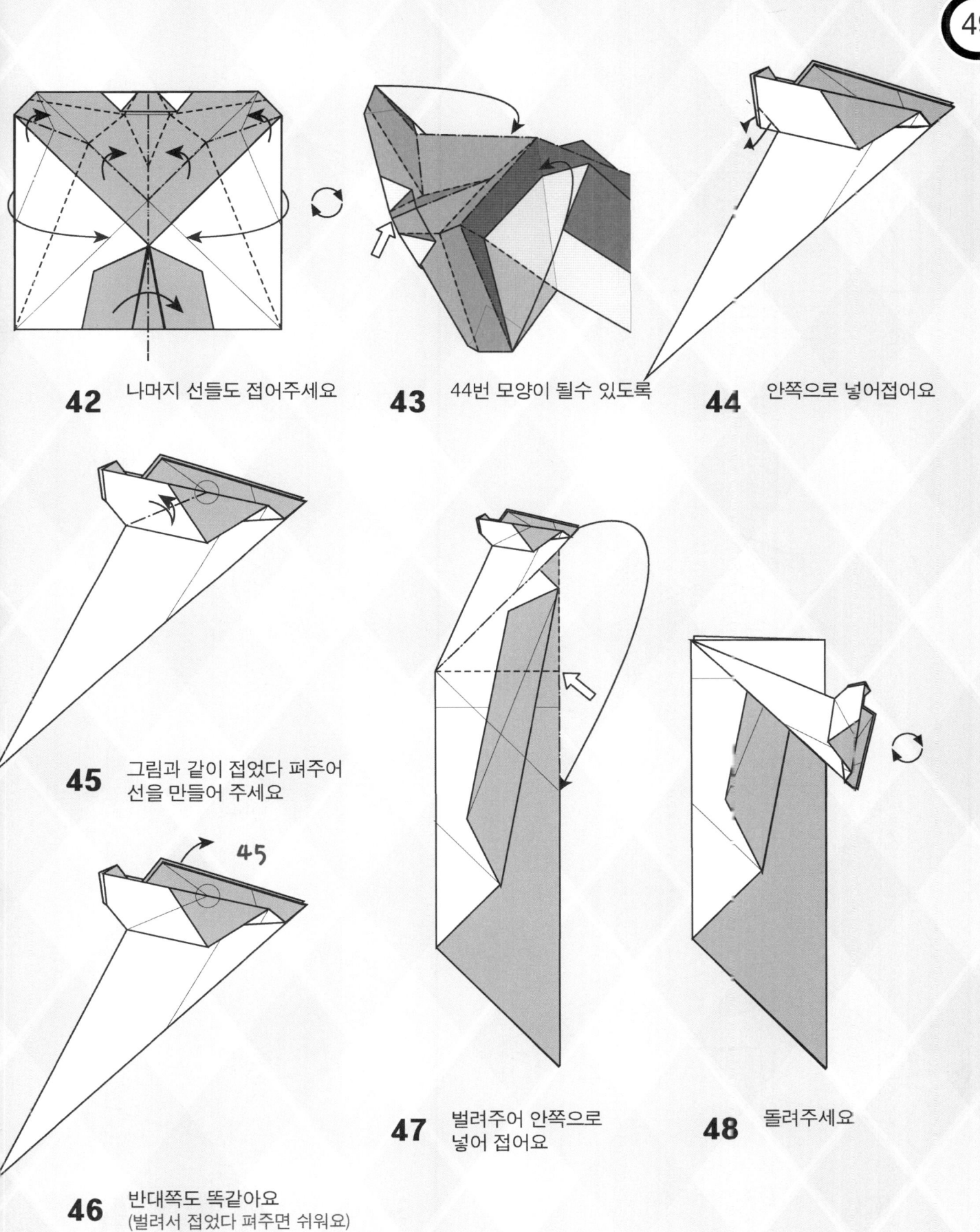

42 나머지 선들도 접어주세요

43 44번 모양이 될수 있도록

44 안쪽으로 넣어접어요

45 그림과 같이 접었다 펴주어
선을 만들어 주세요

45

46 반대쪽도 똑같아요
(벌려서 접었다 펴주면 쉬워요)

47 벌려주어 안쪽으로
넣어 접어요

48 돌려주세요

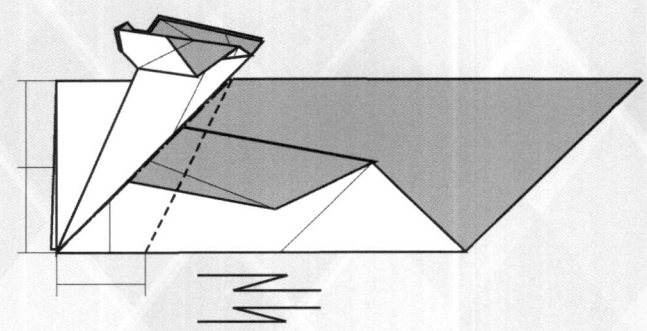

49 가슴쪽 간격의 2분의1 만큼 점선대로
벌려 안쪽으로 접어주세요

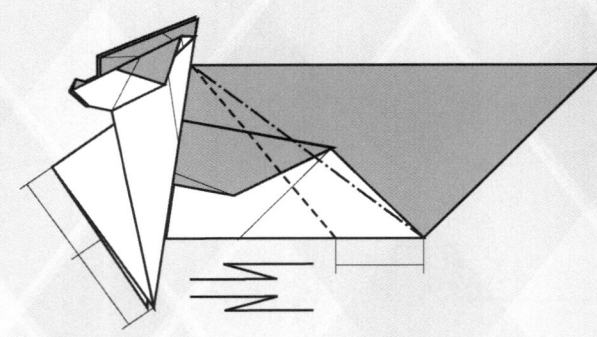

50 뒷다리 부분도 49번 간격 만큼 벌려
안쪽으로접어주세요

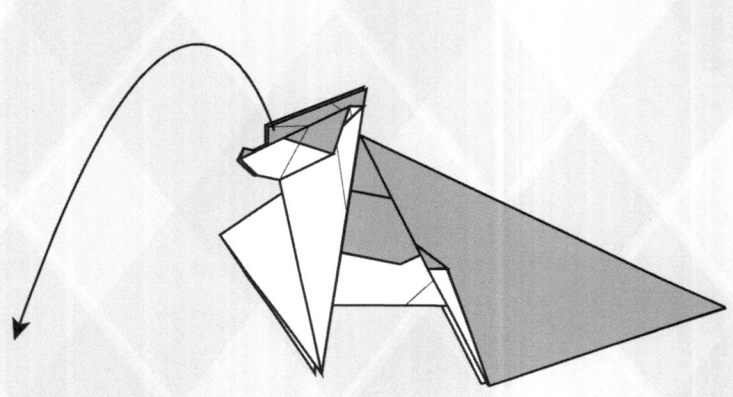

51 앞쪽으로 빼내주세요

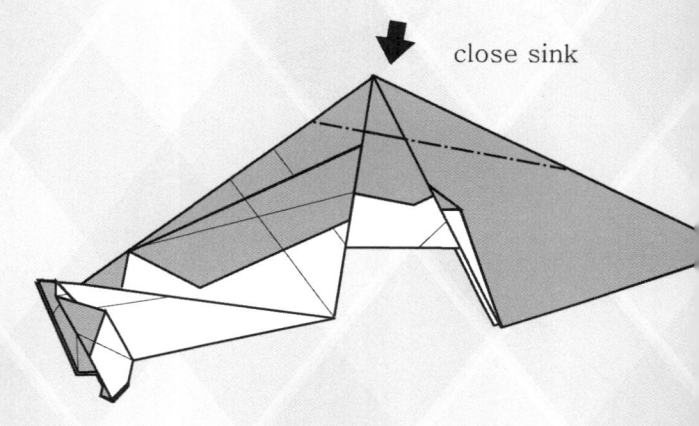

close sink

52 점선부분을 손가락을 이용해 안쪽으로
살짝 벌려 넣어주세요

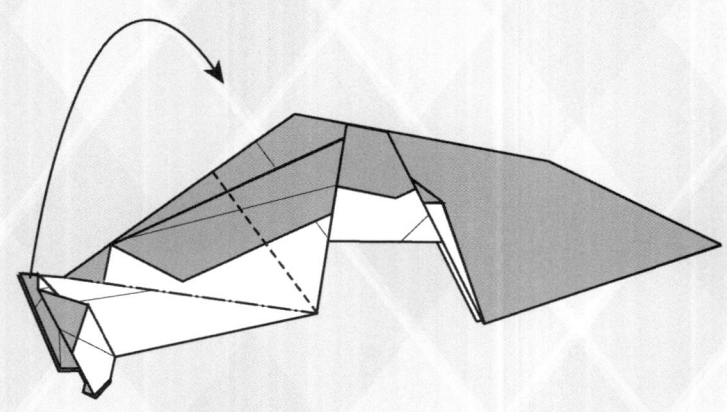

53 다시 원위치 시켜주세요

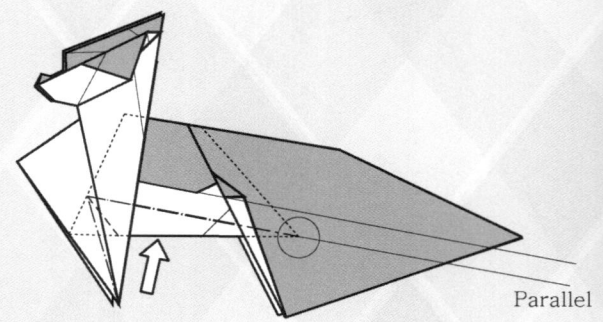

Parallel

54 안쪽으로 보이지 않도록 동그라미 부분을
기준으로 수평이 될 수 있도록 접어주세요
(반대쪽 56~57번을 참고)

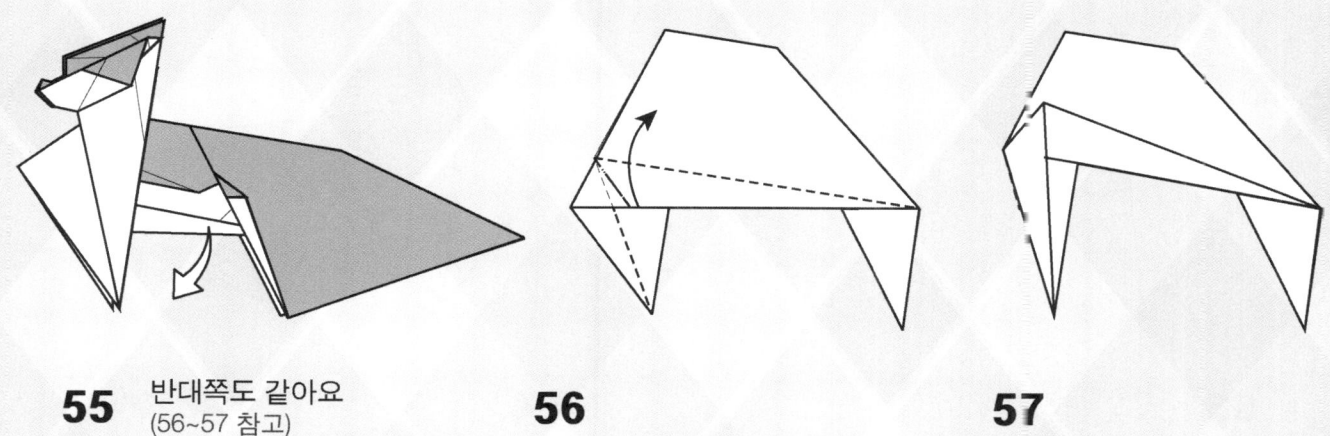

55 반대쪽도 같아요
(56~57 참고)

56

57

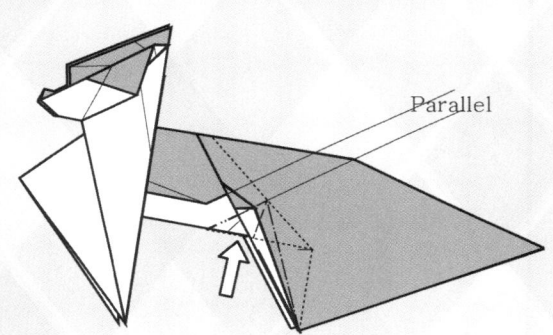

Parallel

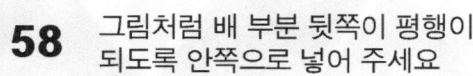

58 그림처럼 배 부분 뒷쪽이 평행이
되도록 안쪽으로 넣어 주세요

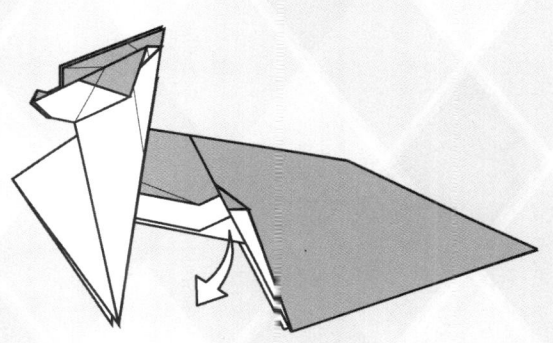

59 반대쪽도 같아요
(60~61참고)

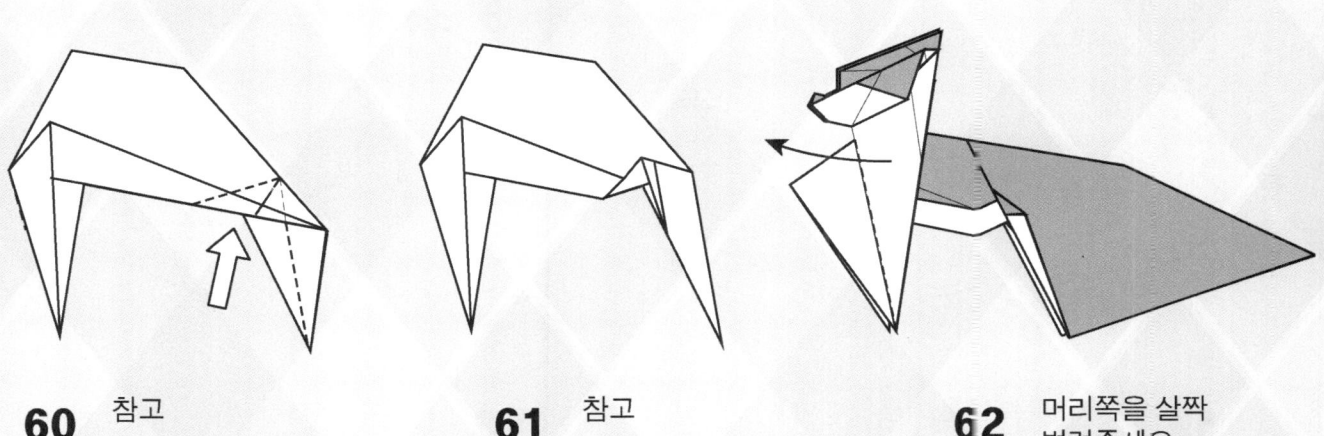

60 참고

61 참고

62 머리쪽을 살짝
벌려주세요

63 안쪽에 있는 부분을 빼내어 주세요

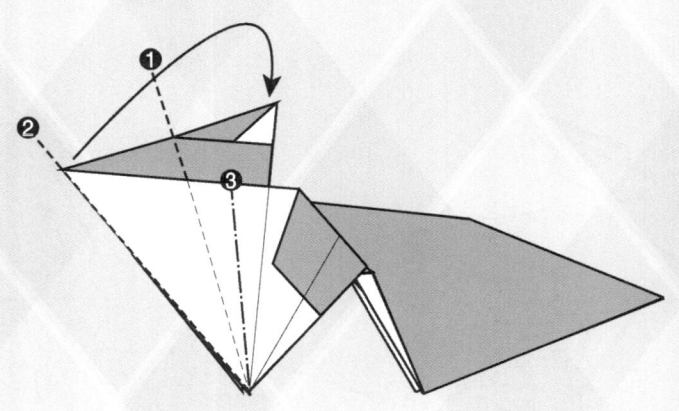

64 순서대로 점선따라 접어주세요

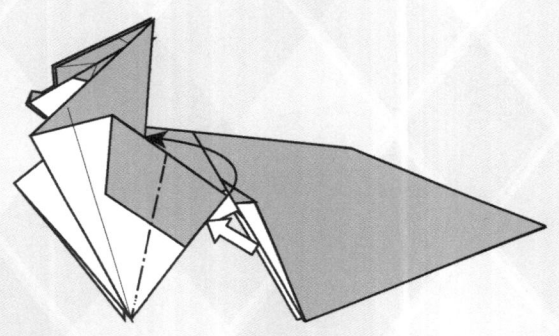

65 63번에서 빼냈던 곳으로 벌려주어 안쪽으로 넣어 접어요

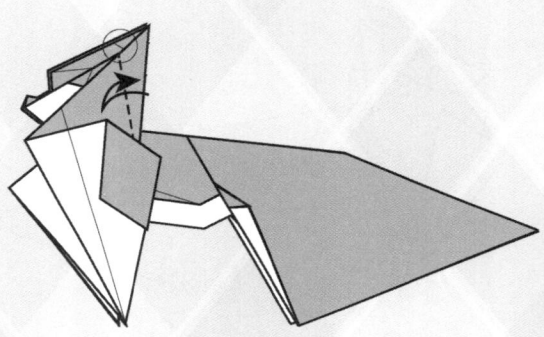

66 그림처럼 머리 맨 윗쪽 선(동그라미)과 마주하도록 접었다 펴 주세요

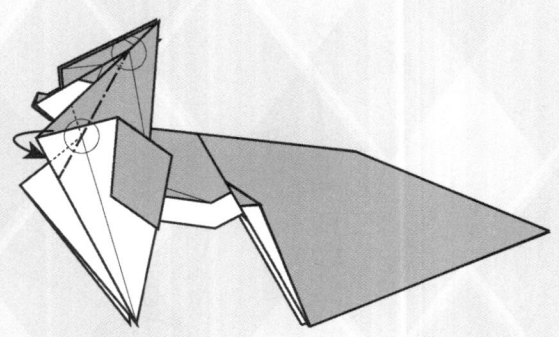

67 동그라미 부분을 기준으로 안쪽으로 접어주세요

68 머리부분을 빼주세요

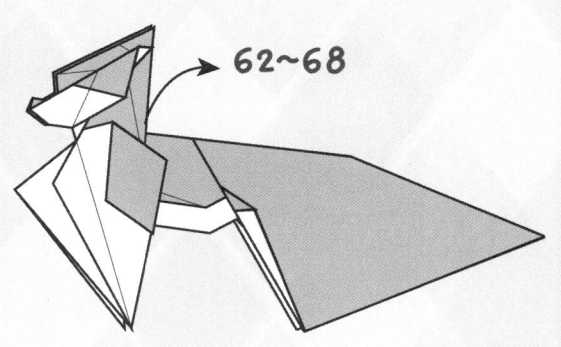

69 반대쪽도 똑같이 접어주세요

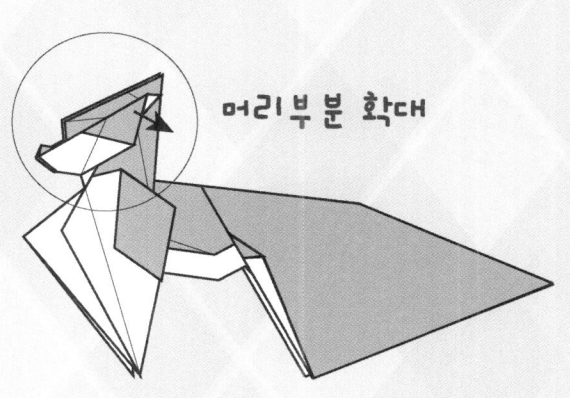

머리부분 확대

70 화살표 따라 살짝 벌려 주세요

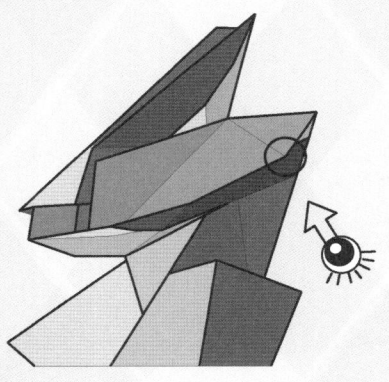

71 아랫쪽에서 동그라미 부분을 봐주세요

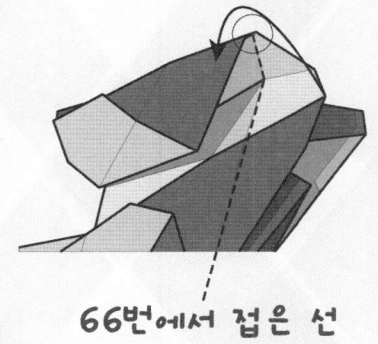

66번에서 접은 선

72 동그라미 부분을 기준으로 점선대로 위로 덮어주세요

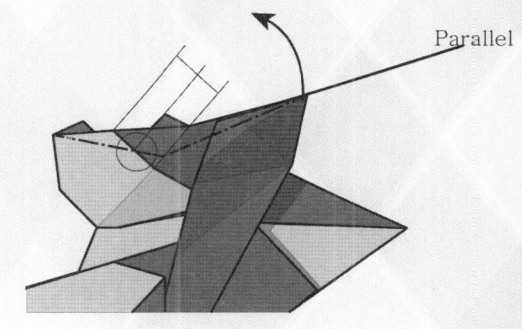

Parallel

73 코끝 부분에서 45번에서 접은 선과 그림처럼 2분에1 되는 부분을 지나쳐 귀끝까지 'ㄱ'자로 꺾어 귀 부분을 위로 올려 주세요 (74번 참고)

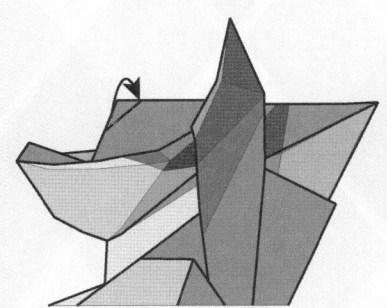

74 점선대로 안쪽으로 접어주세요

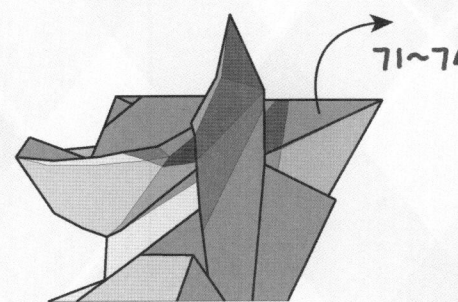

기~74

75 반대쪽도 똑같아요

76

77 점선대로 접었다 펴 주세요

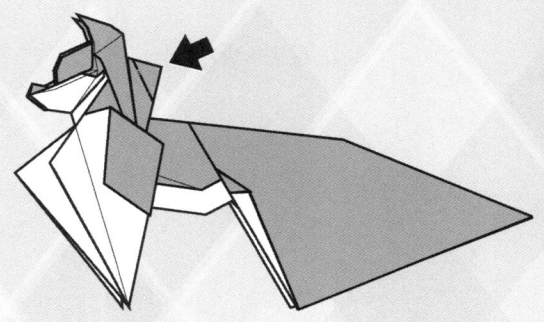

78 벌려서 안쪽으로 넣어 접어주세요

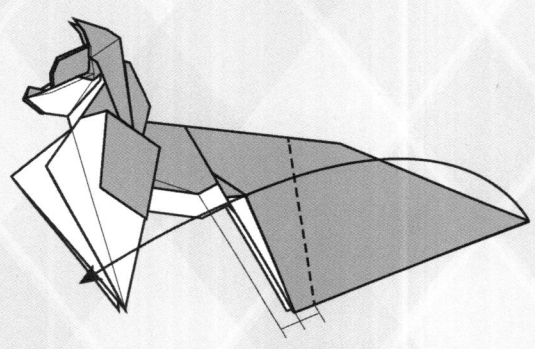

79 2분의1 간격만큼 접어주세요

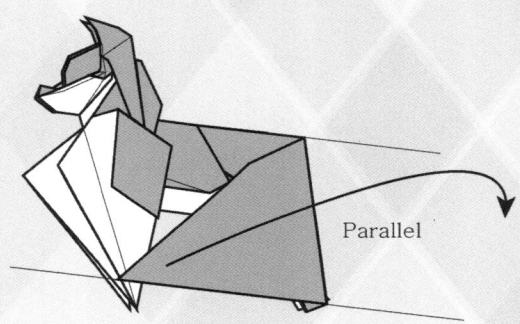

Parallel

80 수평이 맞도록 접어준뒤 다시 펴 주세요

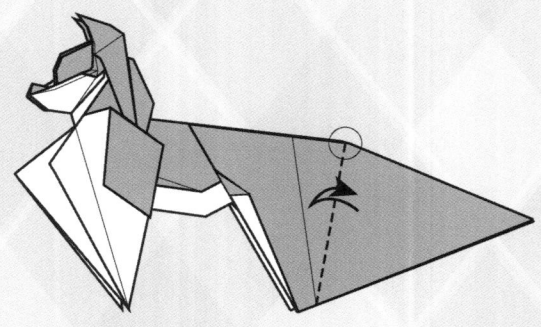

81 꺾어지는 동그라미 부분에서부터 80번에서 접은 선까지 접었다 펴 주세요

82 벌려주어 안쪽으로 넣어 접어요

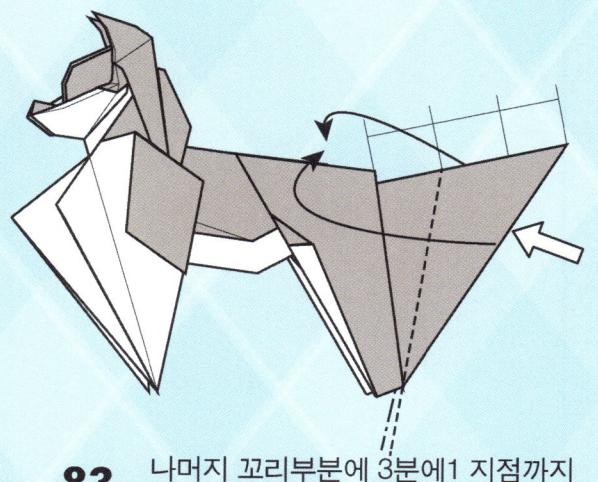

83 나머지 꼬리부분에 3분에1 지점까지
벌려주어 윗쪽으로 올려 주세요

84 올려준 모습

85 그림처럼 안쪽으로 넣어 접어요

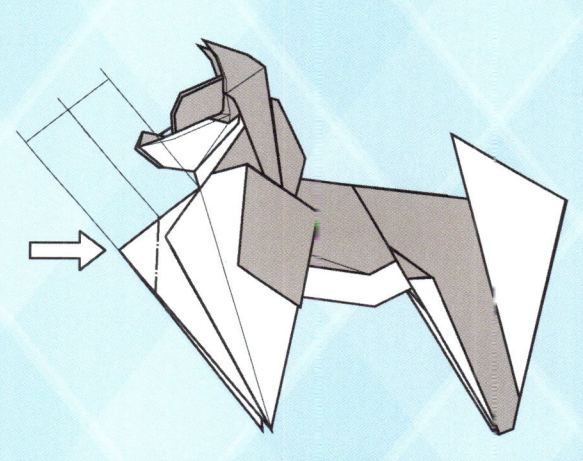

86 벌려주어 안쪽으로 넣어 접어주세요

87 점선대로 안쪽으로 넣어 접고요

87

88 반대쪽도 똑같아요

89 3분의1 지점에서 확대보기

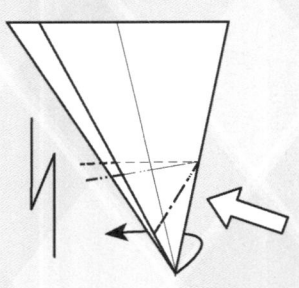

90 앞쪽으로 벌려 91번 처럼 뒷부분은 계단접기로 접어주세요

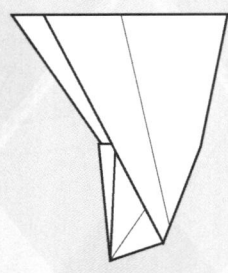

91

92 반대쪽도 똑같아요

93 그림에서처럼 간격을 맞춰 점선대로 접었다 펴 주세요

94 점선대로 계단 접어주세요

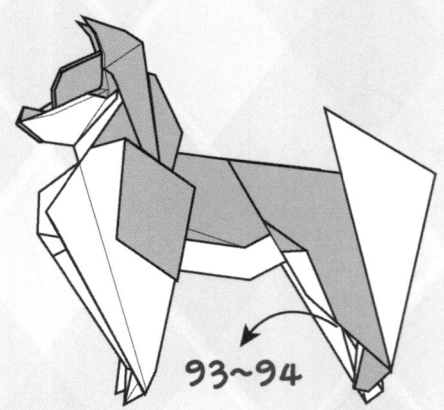

93~94

95 반대쪽도 똑같아요

96 벌려주어 안쪽으로 넣어 접어주세요

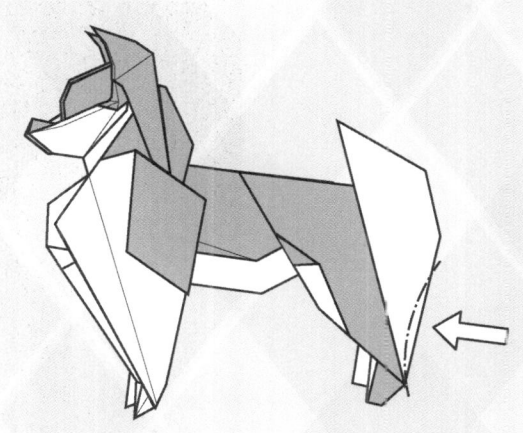

97

98

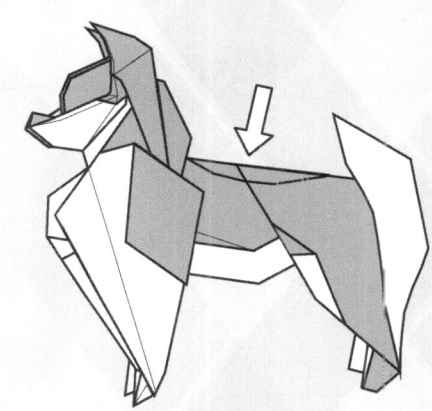

99

완 성

치 와 와

정사각형

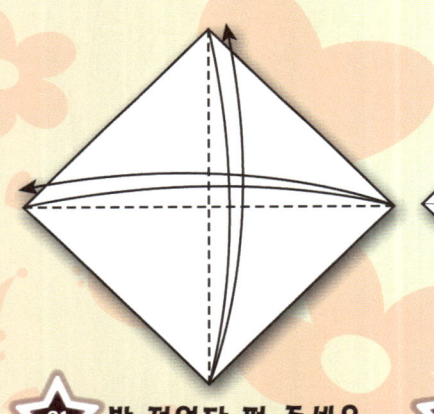

01 반 접었다 펴 주세요

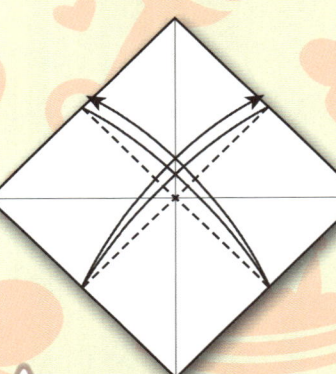

02 다시 반 접었다
펴 주세요

03 중앙을 기준으로
끝 부분만 접었다
펴 주세요

04 3번에서 접어준 선 끝을 기준으로
대각선으로 그림과 같이 마주하는
중앙선 부분을 접었다 펴 주세요

⭐05 4번에서 접어 준 동그라미 부분을 중심으로 접었다 펴 주세요

⭐06 5번에서 접은 라인에 반어 되는 부분을 접었다 펴 주세요

⭐07 그림처럼 접었던 간격만 큼 접었다 펴 주세요

⭐08 반대쪽도 똑같아요

⭐09 7번에서 접었던 끝선에 맞춰 접었다 펴주세요

⭐10 8번에서 접은 간격만큼 접었다 펴 주세요

⭐11 7번에서 접었던 끝선에 맞춰 접었다 펴 주세요

⭐12 그림과 같이 접었다 펴 주세요

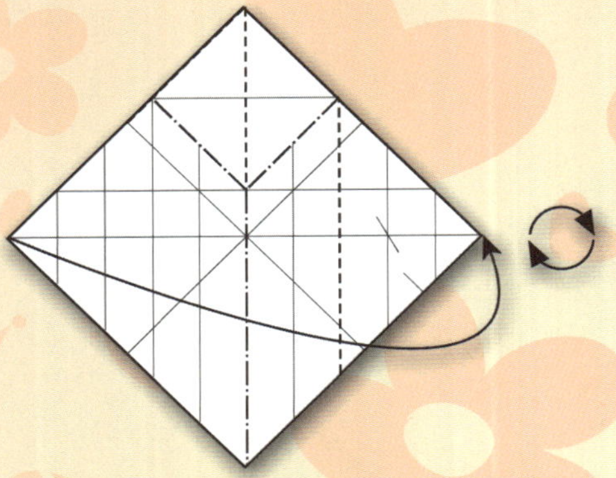

⭐13 14처럼 될 수 있도록 접어주세요

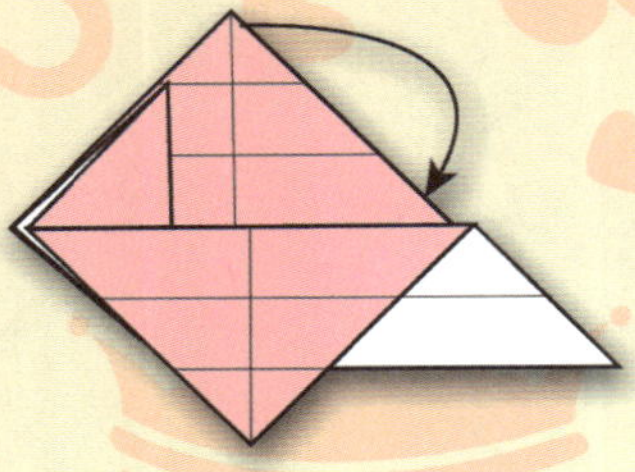

⭐14 맨 윗부분도 뒤로 넘겨접어요

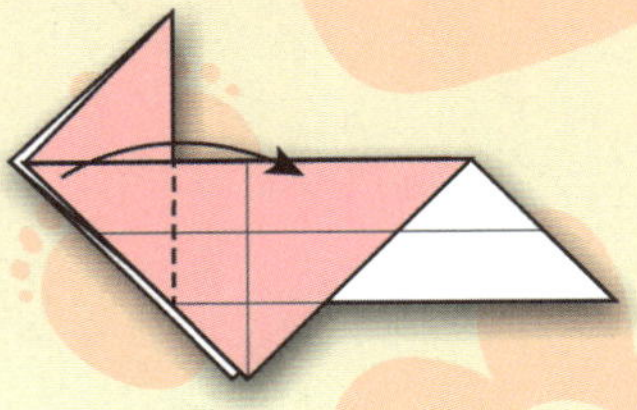

⭐15 점선대로 펼쳐 접어요

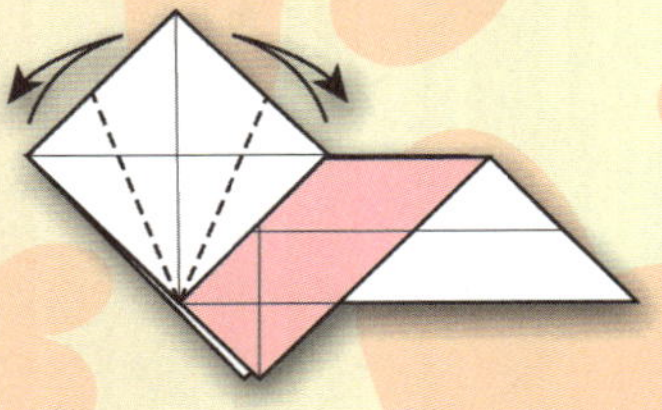

⭐16 중앙을 기준을 접었다 펴 주세요

⭐17 16번에서 접은 선과 중앙선어 마주하는 부분을 기준으로 접었다 펴 주세요

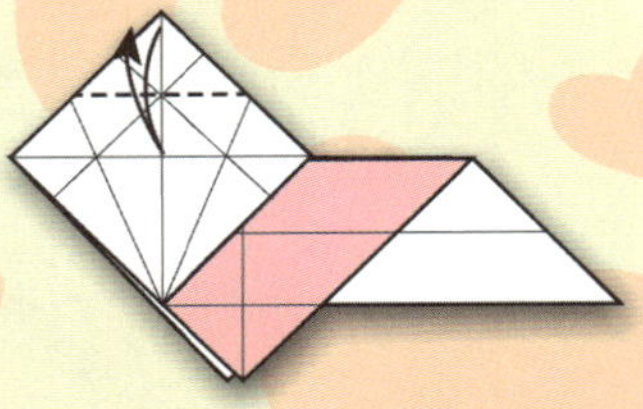

⭐18 16번 끝선에 맞춰 접었다 펴 주세요

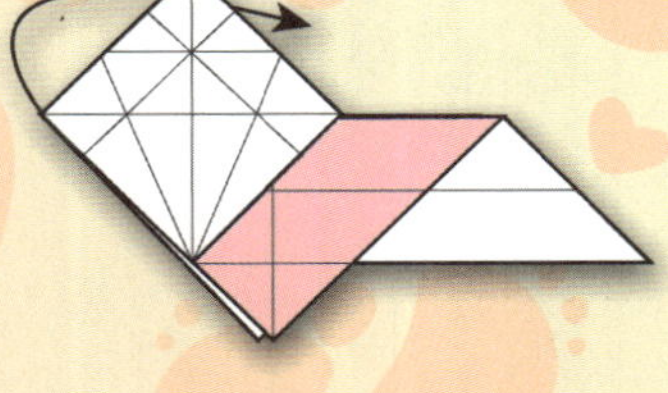

⭐19 정사각형 부분을 뒤로 돌려서

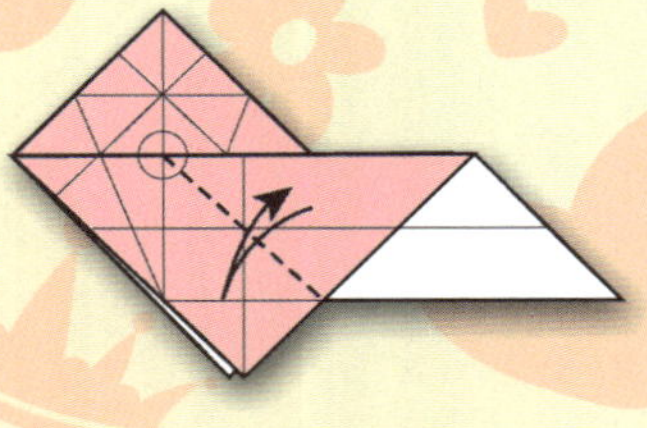

⭐20 동그라미에 맞추어 접었다 펴 주세요

⭐21 접었다 펴 주세요

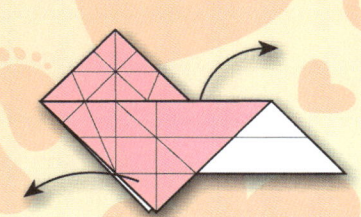

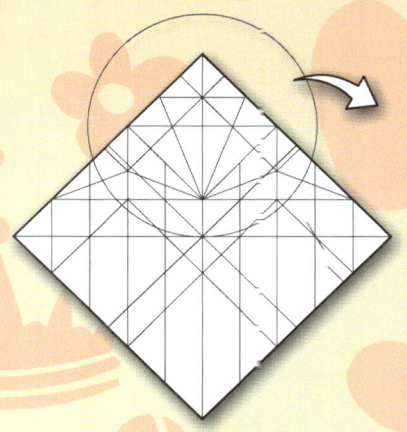

 다시 펼쳐 주세요

 확대 보기

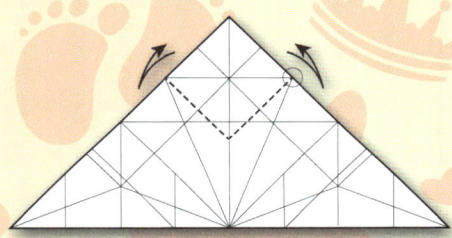

 16번에서 접어주었던 선 윗부분에 맞추어 접었다 펴주세요

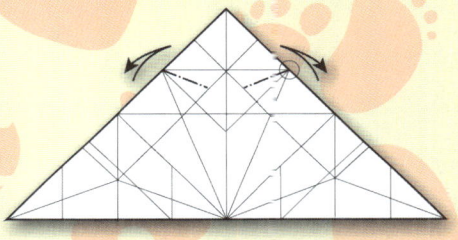

 그림처럼 접었다 펴 주세요

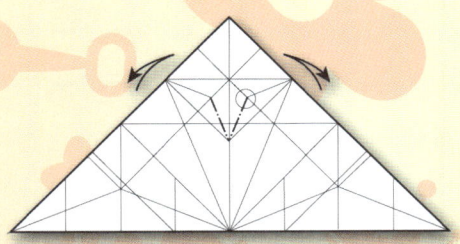

 25번에 접은선에 맞춰 그림과 같도록 접었다 펴 주세요

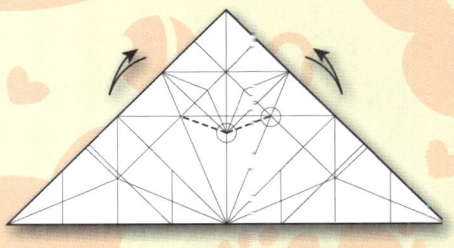

 26번에서 접은선 밑부분에 맞춰 그림과 같도록 접었다 펴 주세요

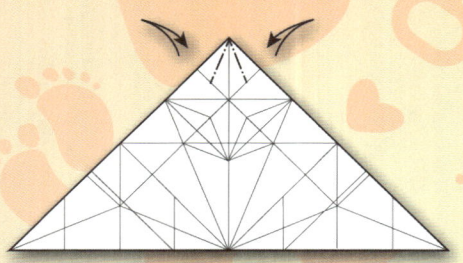

 그림과 같이 접었다 펴 주세요

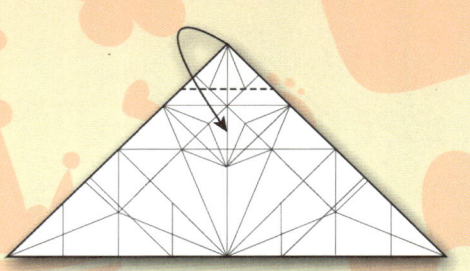

 28번에서 접은선 밑부분에 맞춰
그림과 같도록 접어 내려요

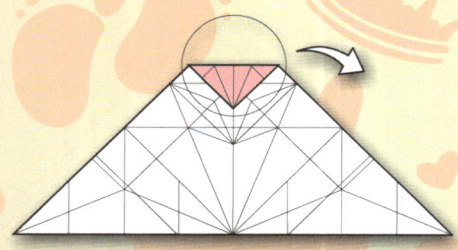

 확대 보기

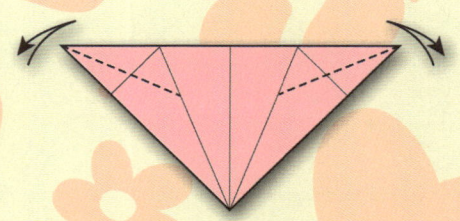

 양끝부분에서 그림처럼 접었다
펴 주세요

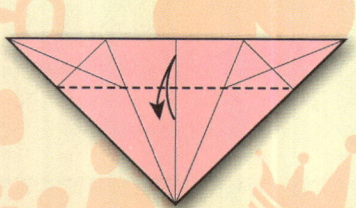

 32번에 접은선 밑부분에 맞춰
그림과 같도록 접었다 펴 주세요

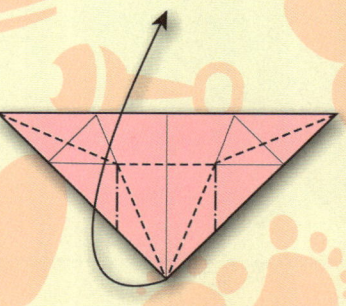

 점선대로 접어 올려주세요

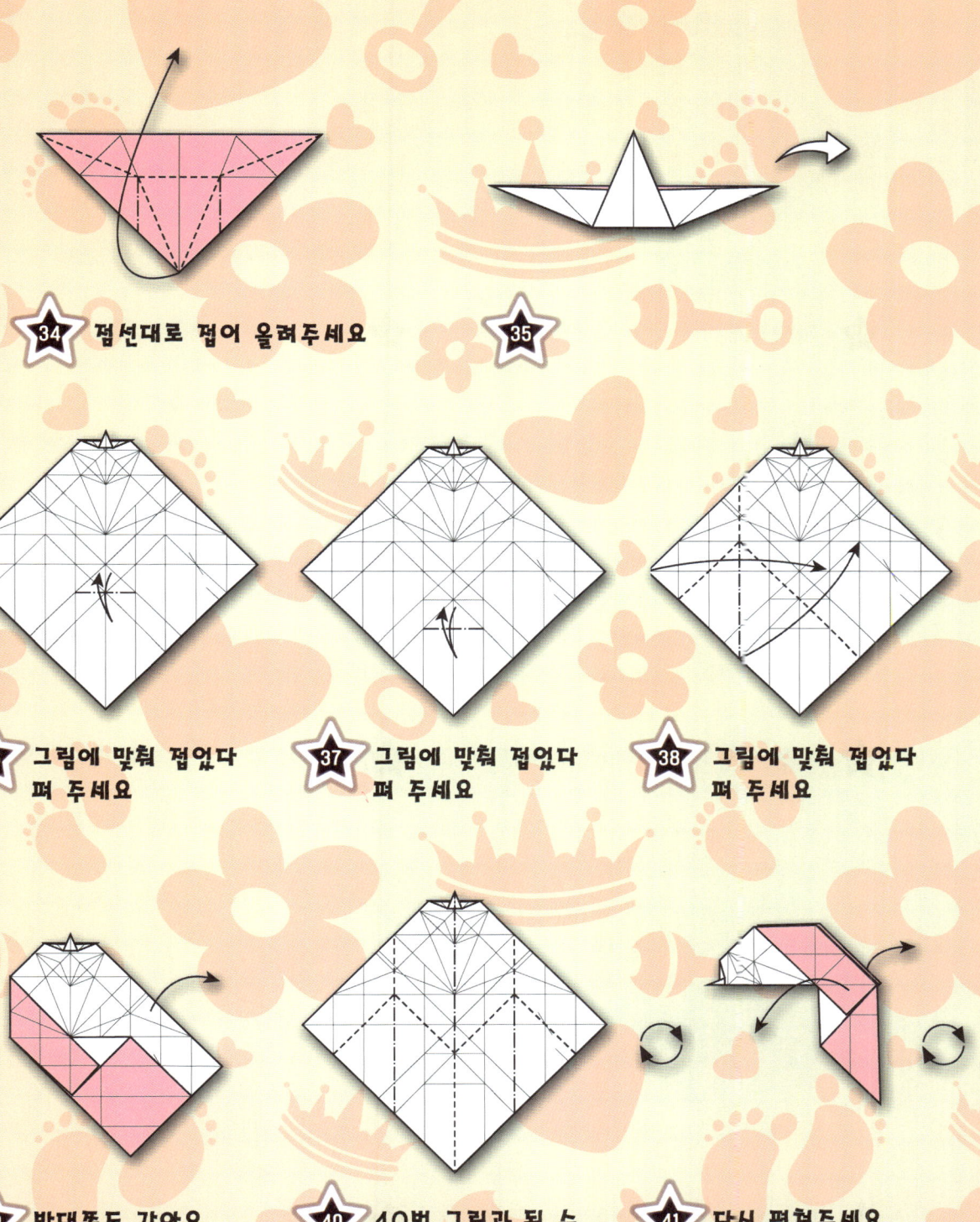

34 점선대로 접어 올려주세요

35

36 그림에 맞춰 접었다
펴 주세요

37 그림에 맞춰 접었다
펴 주세요

38 그림에 맞춰 접었다
펴 주세요

39 반대쪽도 같아요

40 40번 그림과 될 수
있도록 접어주세요

41 다시 펼쳐주세요

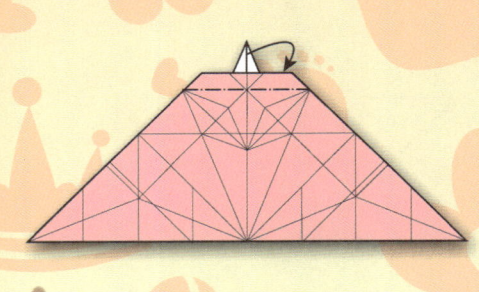

⭐42 확대보기

⭐43 뒤로 넘겨 접어주세요

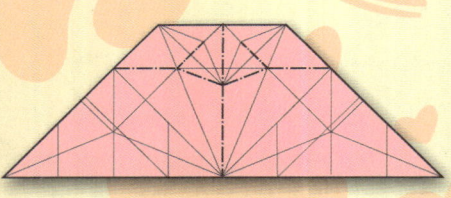
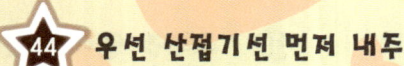

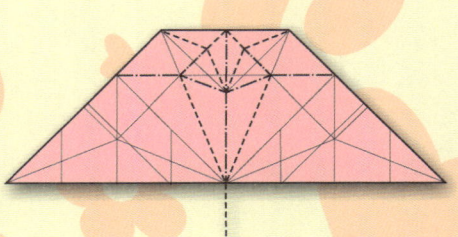
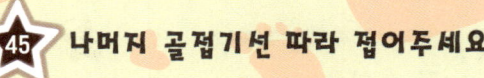

⭐44 우선 산접기선 먼저 내주세요

⭐45 나머지 골접기선 따라 접어주세요

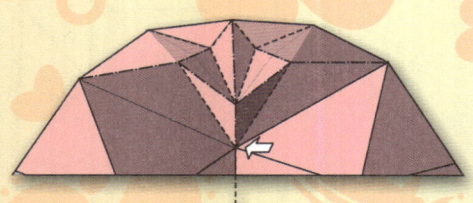
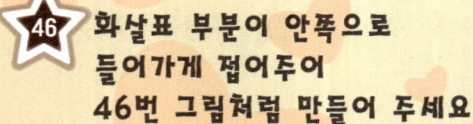

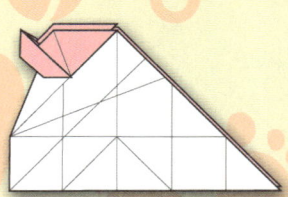

⭐46 화살표 부분이 안쪽으로
들어가게 접어주어
46번 그림처럼 만들어 주세요

⭐47

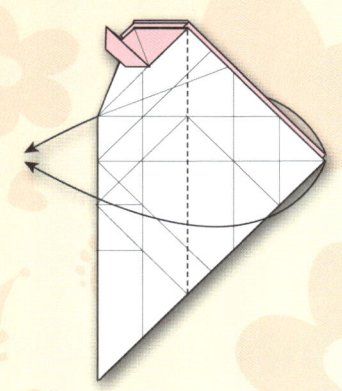

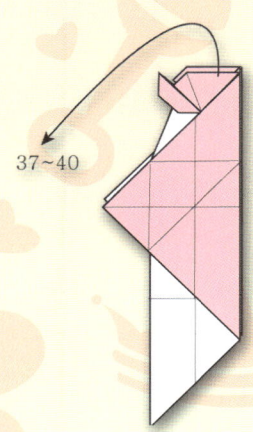

37~40

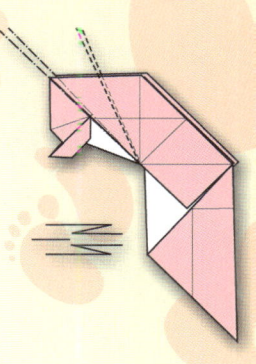

⭐48 왼쪽으로 점선따라
접어주세요

⭐49 37-40번 처럼
밑에 부분을 접어주세요

⭐50 계단 접어 넘어주세요

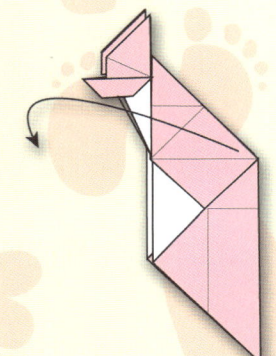

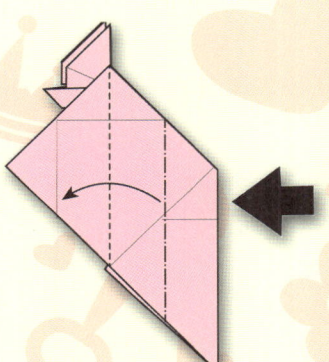

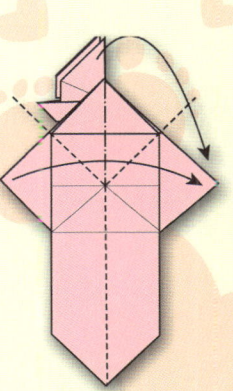

⭐51 벌려주어 안쪽으로
넘어 접어주세요

⭐52 벌려주어 안쪽으로
넘어 접어주세요

⭐53 벌려주어 안쪽으로
넘어 접어주세요

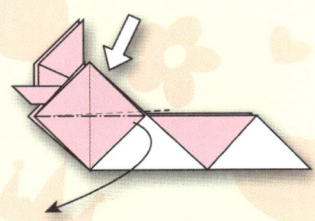

⭐54 돌려주세요

⭐55 벌려주어 밑으로
내려 접어주세요

⭐56 반대쪽도 같아요

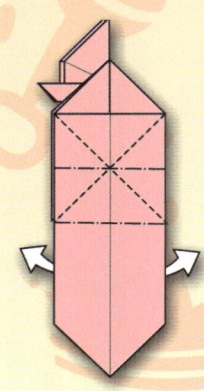

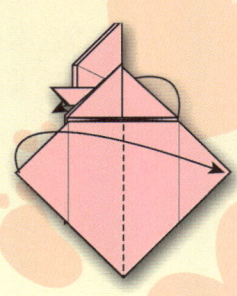

⭐57 밑으로 펼쳐 주세요

⭐58 점선대로 삼각주머니
형태로 모아주면서 밑부분
은 그림처럼 벌려주세요

⭐59 오른쪽으로 넘겨 접어요

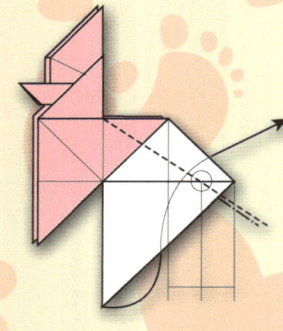

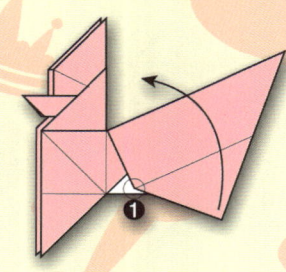

⭐60 꼬리 부분을 안쪽으로
뒤접어주면서 점선대로
접어주어 60번 그림이
될 수 있도록 접어주세요

⭐61 배부분에서 각어 진
1번 부분까지의
간격만큼

⭐62 점선대로 접어 올려주세요

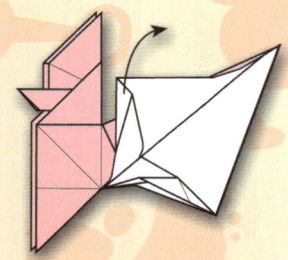

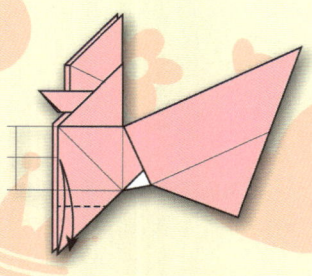

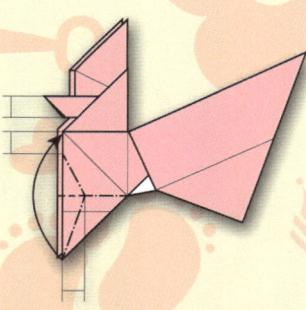

⭐63 반대쪽도 같아요

⭐64 2분의1 간격만큼
접었다 펴 주세요

⭐65 그림처럼 얼굴에 간격만큼
간격을 두어
접어 올려 주세요

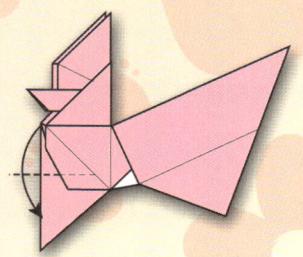

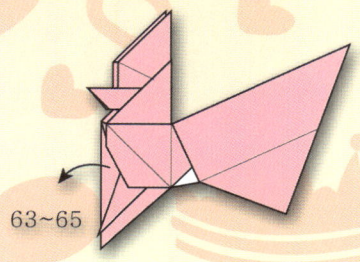

63~65

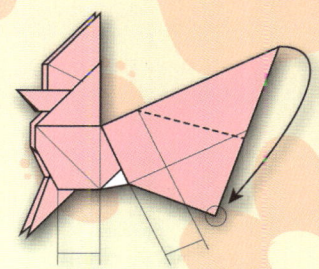

66 63번에서 접어주었던 선을 내려 접어요

67 반대쪽도 같아요

68 그림에서의 간격만큼 엉덩어 윗부분을 기준으로 끝부분어 동그라미 부분과 맞게 내려 접어요

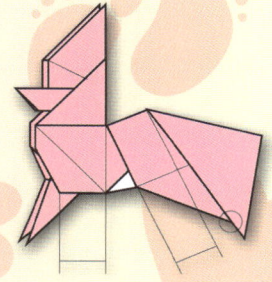

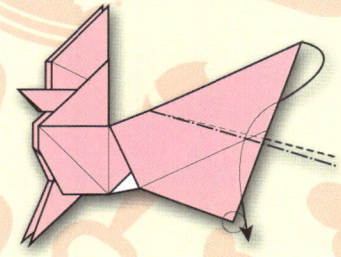

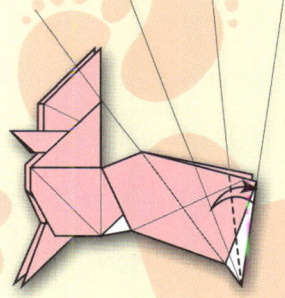

69 다시 펼쳐주세요

70 벌려주어 안쪽으로 넣어 접어주세요

71 3분의1 각도로 접었다 펴 주세요

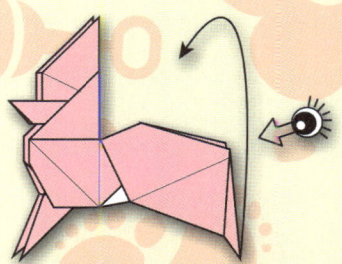

72 동그라미를 기준으로 점선대로 안쪽으로 넣어 접어요

73 반대쪽도 같아요

74 꼬리를 올려주어 뒤에서 보았을 때

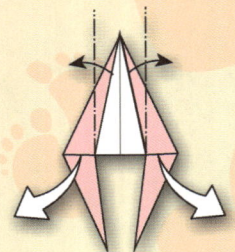

★75 화살표처럼 빼내어
점선따라 벌려
접어주세요

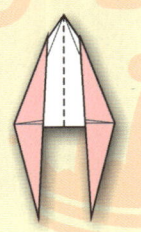

★76 다시 모아접고

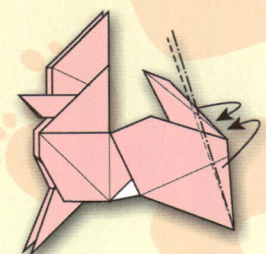

★77 벌려주어 안쪽으로 넣어
접어주세요

★78 반 접었다 펴 주세요

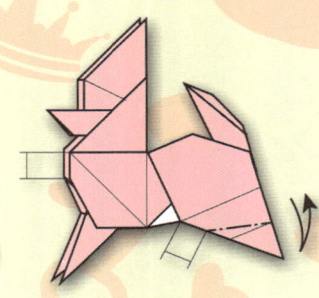

★79 가슴에 간격만큼
접었다 펴 주세요

★80 앞다리 각도에 맞춰
뒷다리쪽도
접었다 펴 주세요

★81 엉덩이 2분의1
지점까지 점선따라
접어 올려주세요

★82 77번에서 접은 선을
접어 내려주세요

★83 반대쪽도 같아요

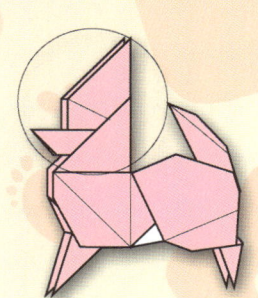
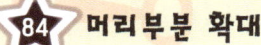

⭐84 머리부분 확대

⭐85 바깥쪽으로 빼내주세요

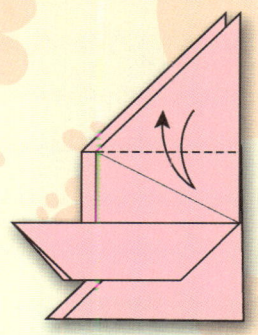

⭐86 접선대로 접었다
펴 주세요

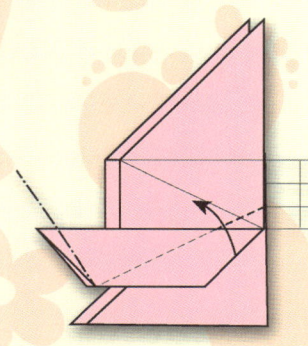

⭐87 뒷부분을 3분의1 간격만
던져밀어올리면서
코부분을 내려 접어주세요

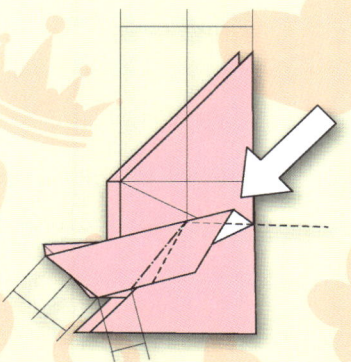

⭐88 머리윗부분 2분의1 간격
에서 앞부분 2분의1 간격
만큼 밀어 접어주세요

⭐89 목부분 밖으로 빼내주세요

⭐90 반대쪽도 같아요

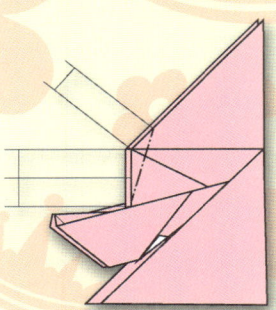

⭐91 간격에 맞춰 안쪽으로
넣어 접어요

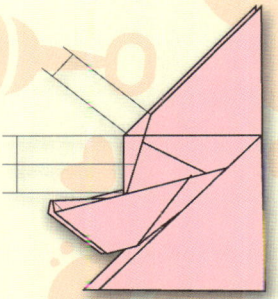

⭐92 반대쪽도 같아요

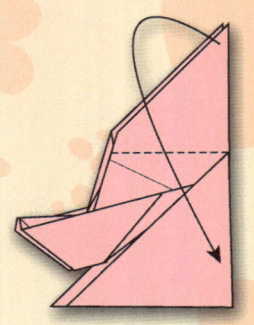

⭐93 점선대로 내려 접어요

⭐94 90도 각도가 될 수 있도록 위로 접어 올려주세요

⭐95 반대쪽도 같아요

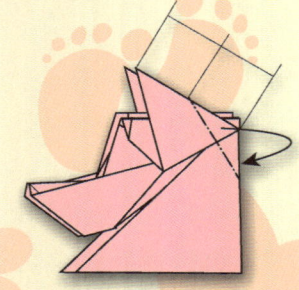

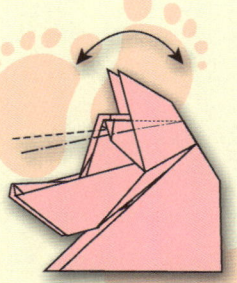

⭐96 간격에 맞춰 안쪽으로 넣어접어요

⭐97 반대쪽도 같아요

⭐98 눈부분을 둥글게 벌려주세요

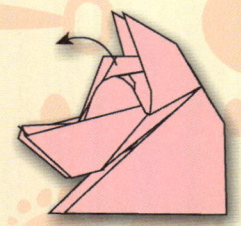

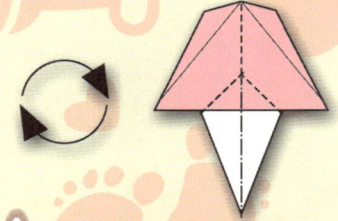

⭐99 반대쪽도 같아요

⭐100 앞쪽에서 보기

⭐101 점선대로 빼내주세요

102 혀가 나온 모습

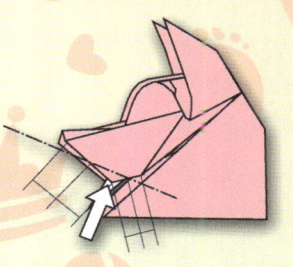

103 간격만큼 안쪽으로 벌려
넣어 접어요

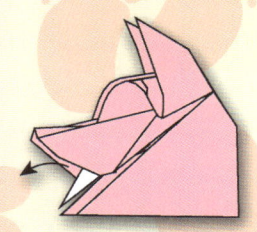

104 반대쪽도 같아요

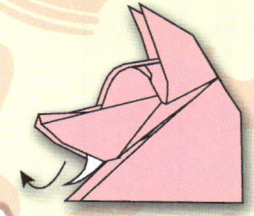

105 혀 부분은 앞쪽으로
말아주세요

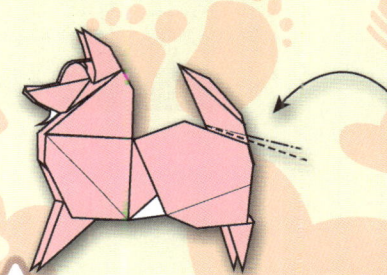

106 꼬리는 손가락을 이용해
벌려주세요

완 성

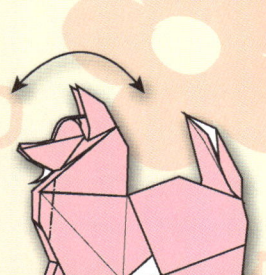

107 가슴 부분은 안쪽으로 휘어
모아접어요

한장으로 따라하는
마 법 종이접기

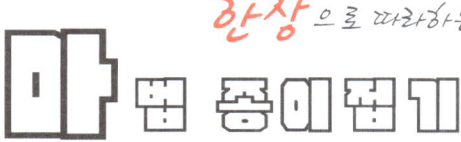

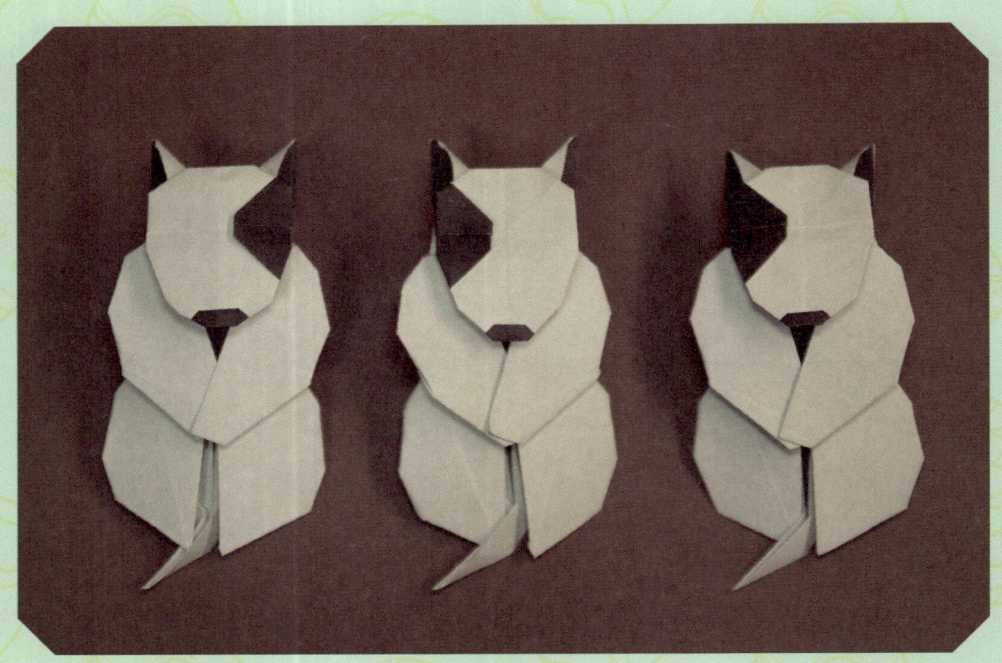

바우와우

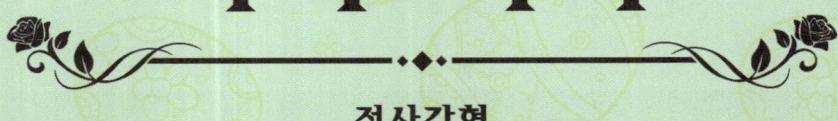

정사각형

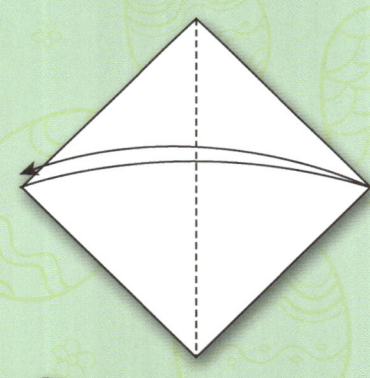

01 반 접어주세요

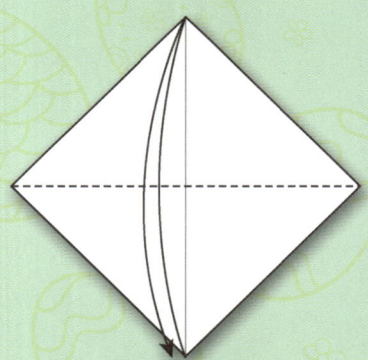

02 다시 반 접어주세요

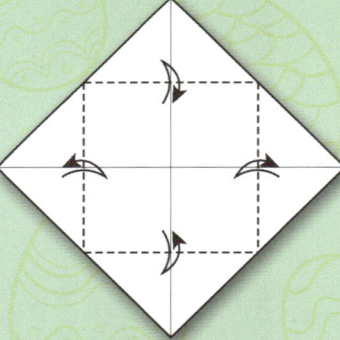

03 중앙을 기준으로
4방향 반 접어주세요

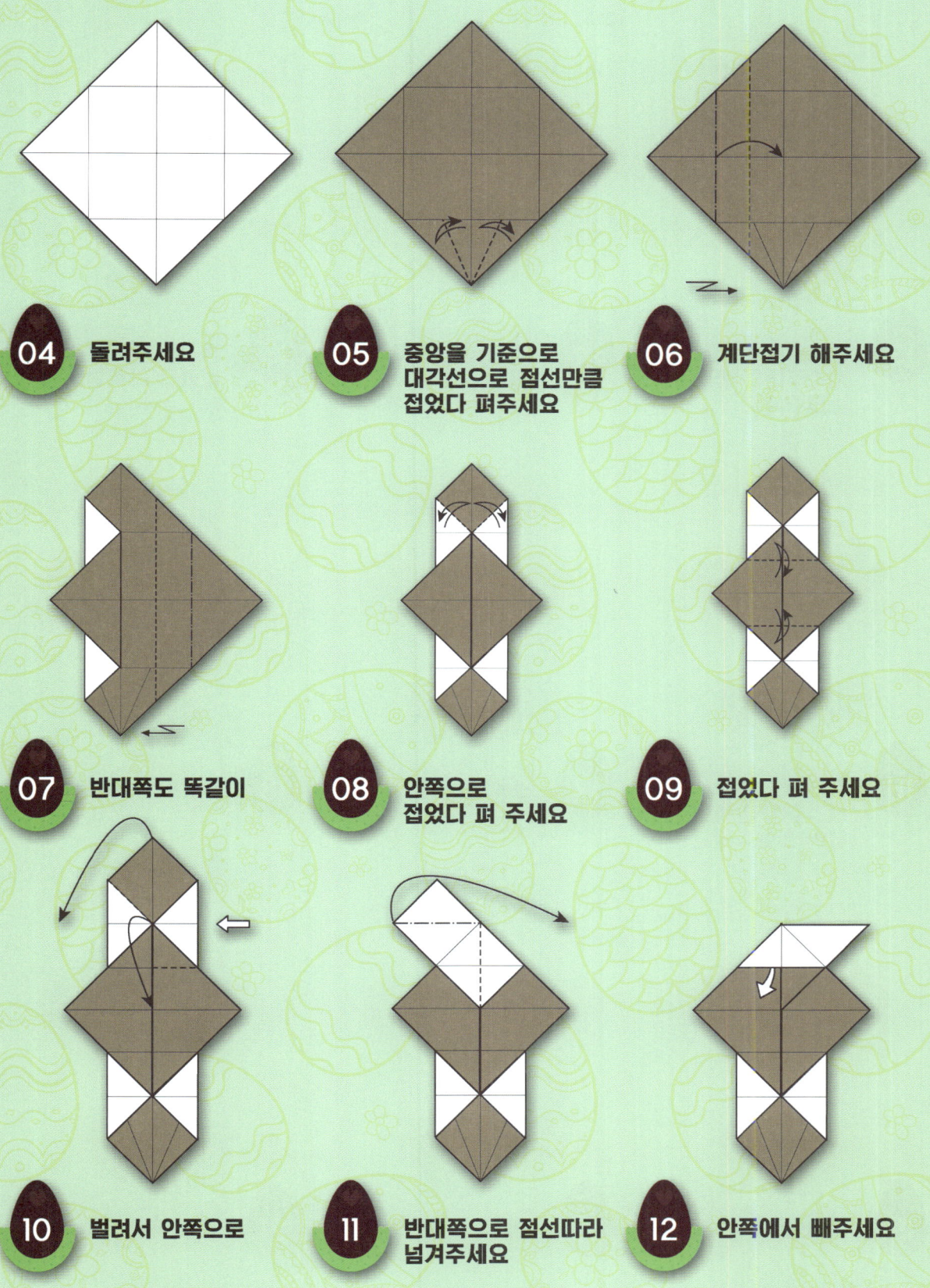

04 돌려주세요

05 중앙을 기준으로 대각선으로 점선만큼 접었다 펴주세요

06 계단접기 해주세요

07 반대쪽도 똑같이

08 안쪽으로 접었다 펴 주세요

09 접었다 펴 주세요

10 벌려서 안쪽으로

11 반대쪽으로 점선따라 넘겨주세요

12 안쪽에서 빼주세요

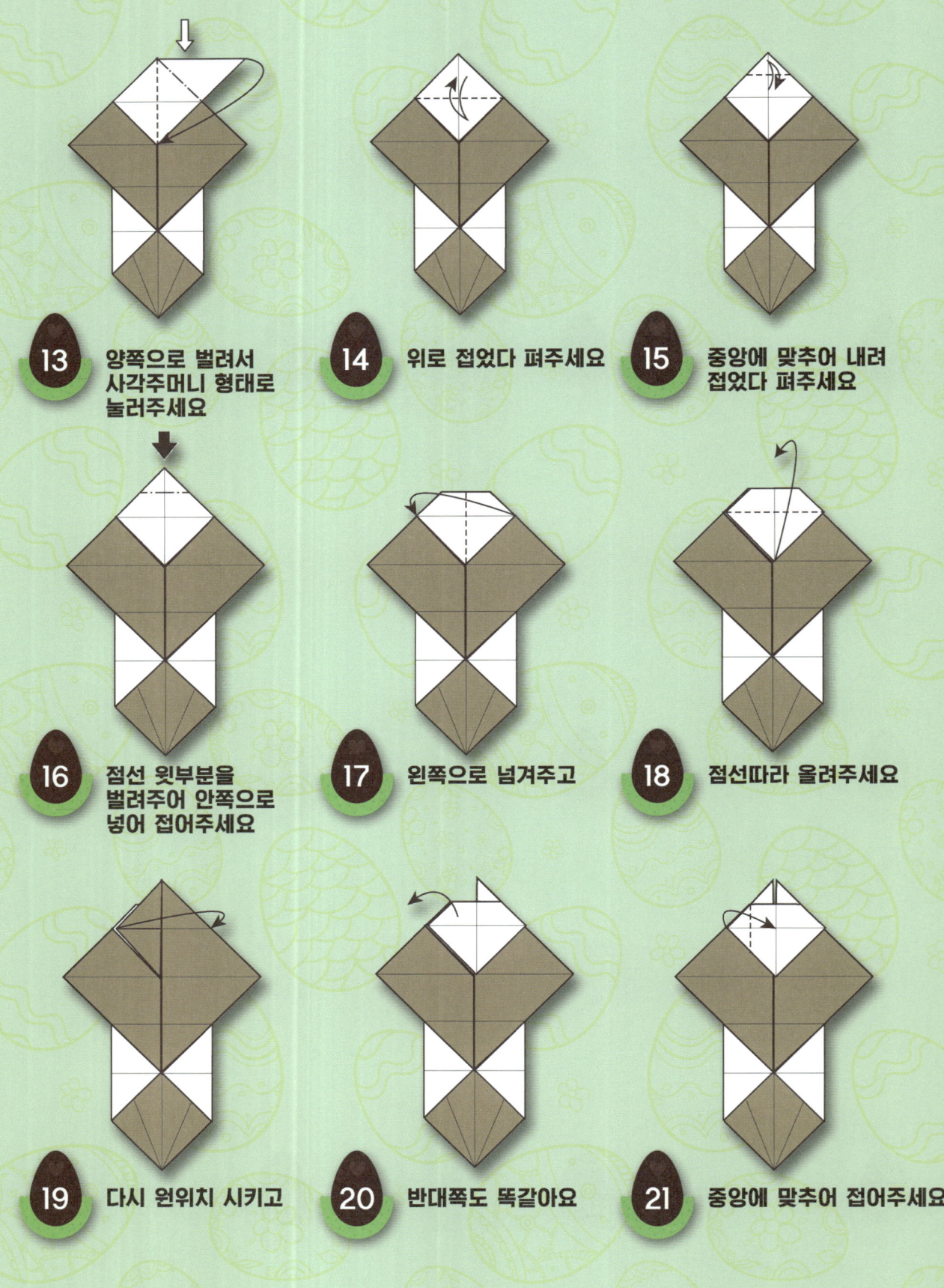

13 양쪽으로 벌려서 사각주머니 형태로 눌러주세요

14 위로 접었다 펴주세요

15 중앙에 맞추어 내려 접었다 펴주세요

16 점선 윗부분을 벌려주어 안쪽으로 넣어 접어주세요

17 왼쪽으로 넘겨주고

18 점선따라 올려주세요

19 다시 원위치 시키고

20 반대쪽도 똑같아요

21 중앙에 맞추어 접어주세요

22 왼쪽으로 넘겨주세요

23 중앙에 맞추어
접어주세요

24 왼쪽으로 넘겼던 부분을
원 위치로 돌리면서 점선따라
아래쪽으로 내려주세요

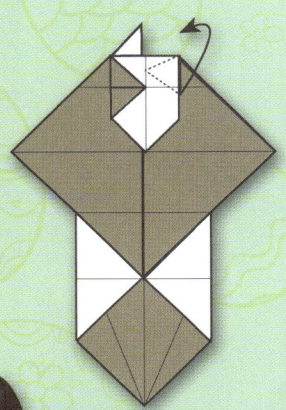

25 내렸던 부분을
옆 그림처럼 접선따라
올려주세요

26

27 반대쪽도 동일해요

28 벌려서 안쪽으로

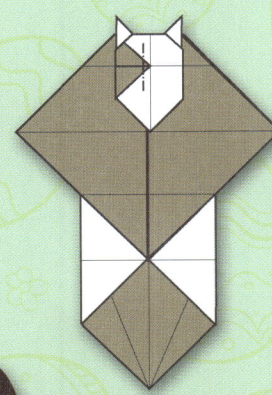

29 안쪽으로 살짝
넣어주세요

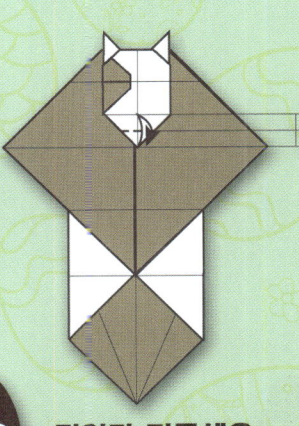

30 접었다 펴주세요

31 밑쪽부터 접고 접어 올려주세요

32 양쪽으로 벌리면서 올려 주고요

33 밑으로 내려주세요

34 점선따라 내려주세요

35 중앙을 기준으로 접었다 펴준 후

36 끝선에 맞추어 윗쪽도 접었다 펴주세요

37 위에서 접어 준 선따라 왼쪽으로 접어 눌러 주세요

38 팔부분을 그대로 유지하고 밑에 쪽을 벌려 37번 그림처럼 옆으로 빼주세요

39 반대쪽도 접어주세요

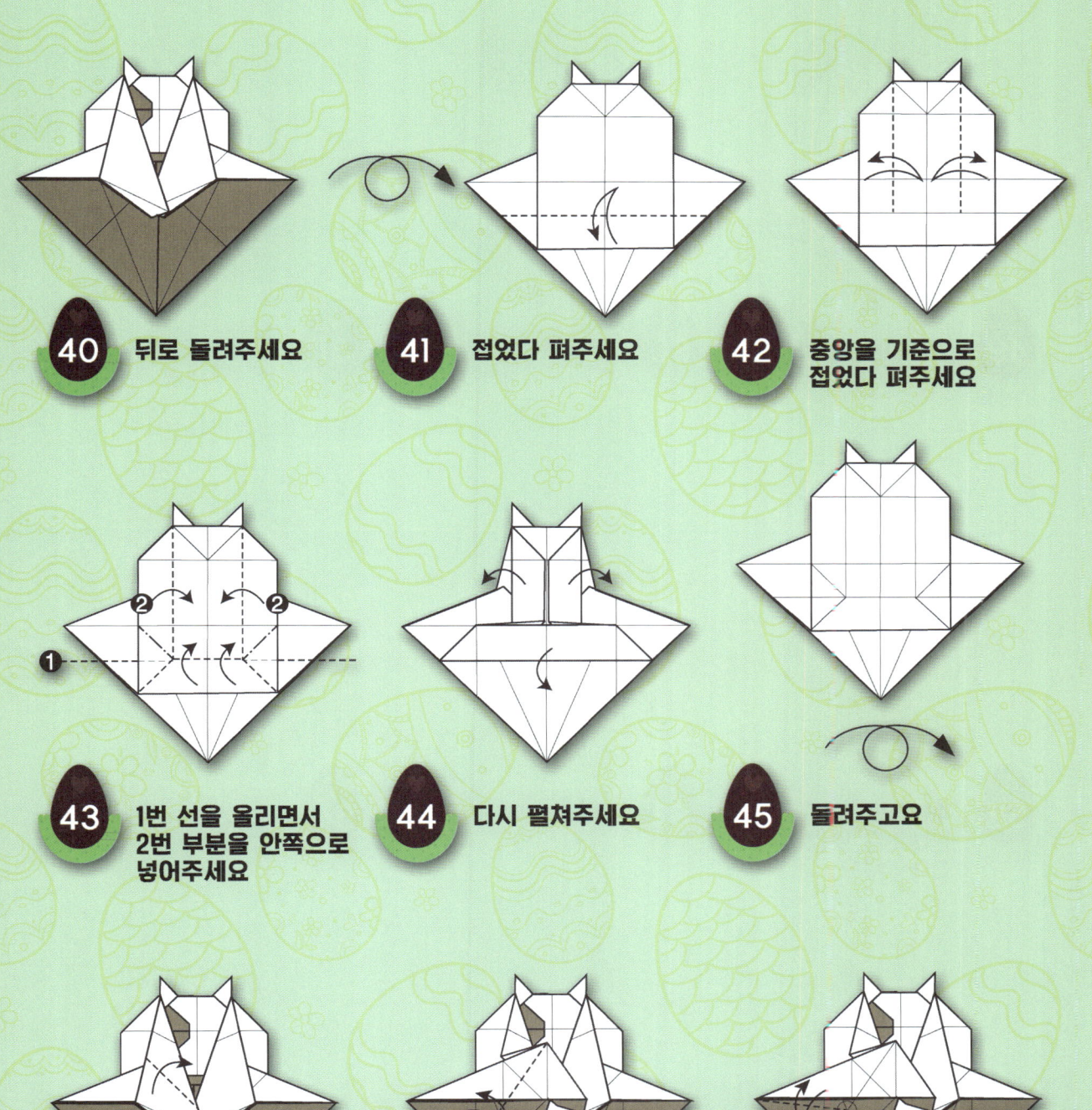

40 뒤로 돌려주세요

41 접었다 펴주세요

42 중앙을 기준으로
접었다 펴주세요

43 1번 선을 올리면서
2번 부분을 안쪽으로
넣어주세요

44 다시 펼쳐주세요

45 돌려주고요

46 그림처럼 안쪽으로
넘겨주세요

47 중앙에 맞춰
접었다 펴주세요

48 5번에서 접었던 선과
47번에서 접은 선이 마주치는
부분을 기준으로
접었다 펴주세요

49 올리면서 안쪽으로

50 원위치 시켜 주세요

51 팔 부분을 맨 앞으로 보내주세요

52 46~50번까지 반대쪽도 똑같이 접어주세요

53 얼굴부분을 앞으로

54

55 뒤쪽으로 접어주세요

56 점선따라 뒤쪽으로 접어주세요

57 뒤쪽으로 접어주세요

58 돌려주세요

59

60 옆쪽에 세워진 부분은 그대로 눌러 주세요

61 돌려주세요

62 다리 밑쪽은 가운데로 모아 안쪽으로 넘겨주세요

63 팔부분은 그림처럼 뒤쪽으로 접어주세요

64 다리부분도 뒤쪽으로 넘겨 주세요

완 성

65 목부분은 뒤쪽으로 안보이게 넘겨주세요

백 조

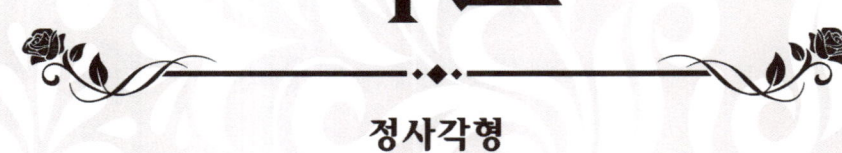

정사각형

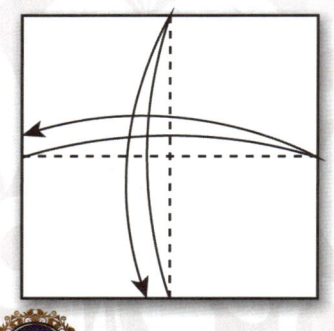

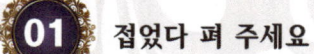

01 접었다 펴 주세요

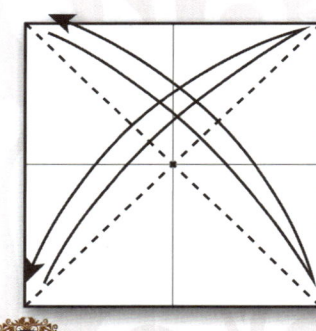

02 접었다 펴 주세요

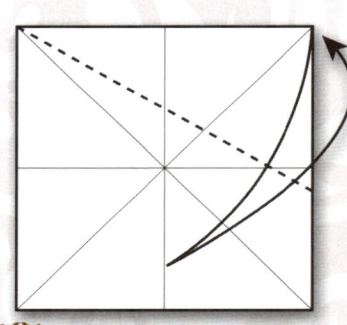

03 정 중앙 라인에 맞춰
접었다 펴 주세요

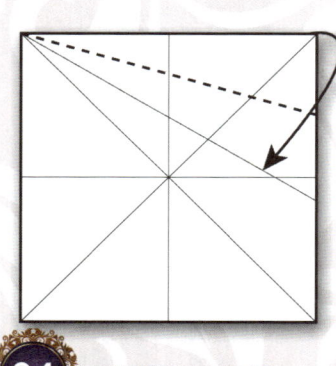

04 반대쪽도 같아요

05 동그라미 부분확대

06 다시 접었던 선에 맞춰
접어주세요

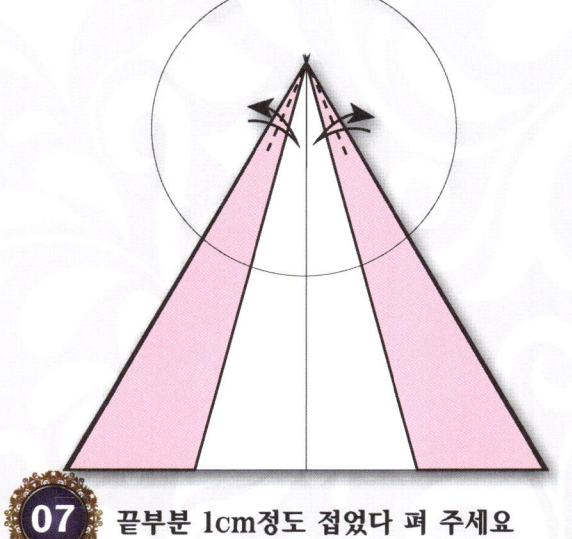

07 끝부분 1cm정도 접었다 펴 주세요

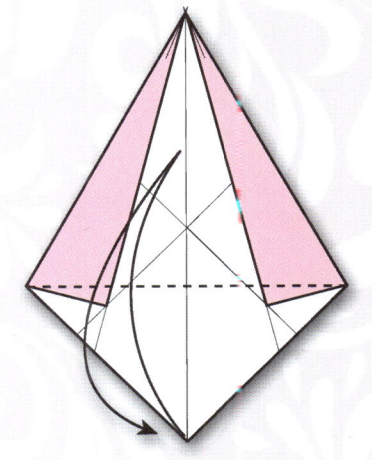

08 접었다 펴 주세요

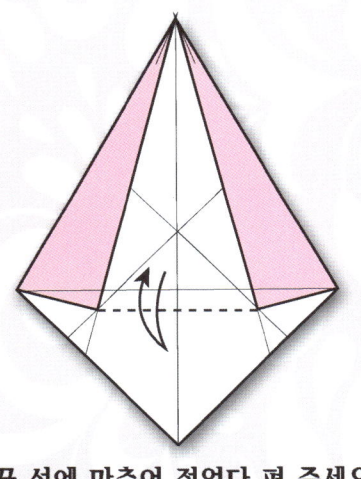

09 끝 선에 마추어 접었다 펴 주세요

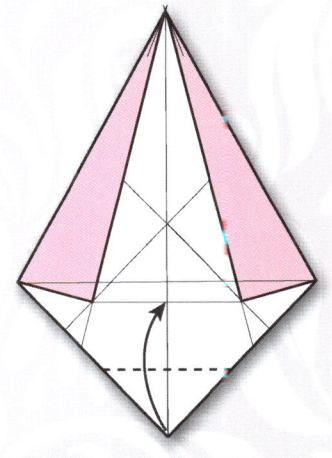

10 선에 맞추어 올려 접어요

11 접었다 펴주세요

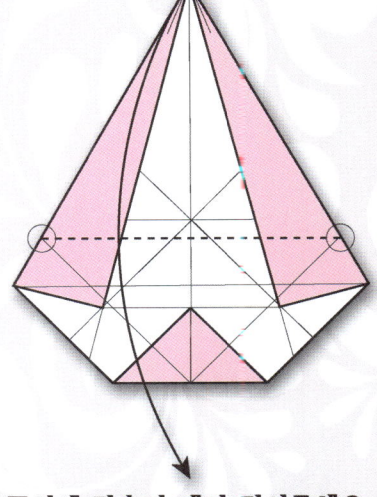

12 끝선에 맞추어 내려 접어주세요

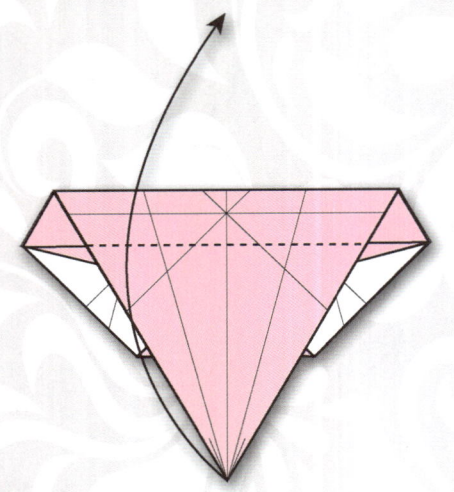

13 8번에서 접은 선에 맞춰
올려 접어주세요

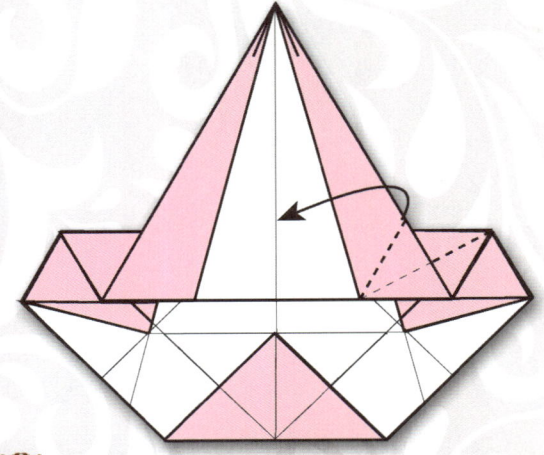

14 벌려서 안쪽으로 눌러 주세요

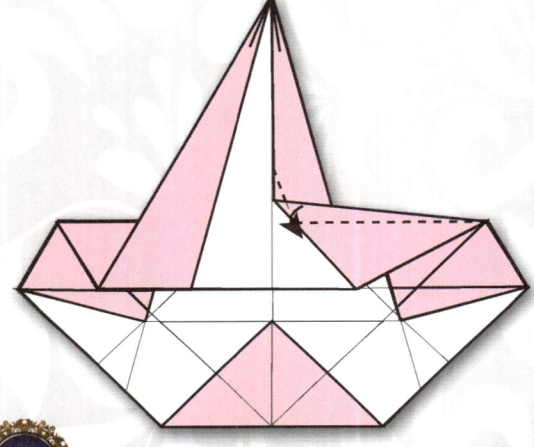

15 수평이 될 수 있도록 끝 선에
맞춰 다시 내려 주어요

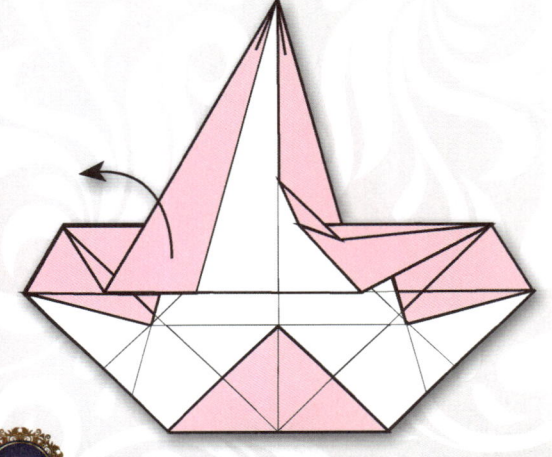

16 반대쪽도 똑같이 접어주세요

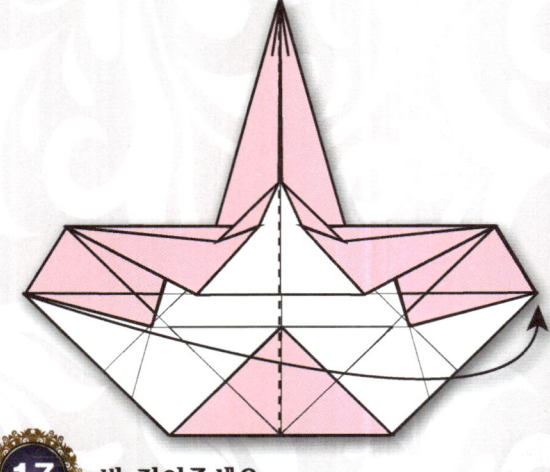

17 반 접어주세요

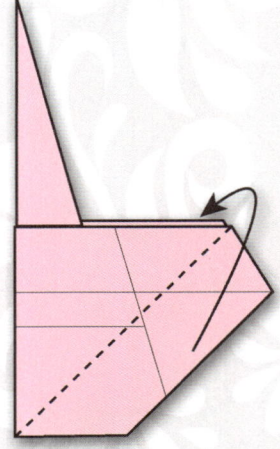

18 한꺼번에 뒤로 넘겨 주세요
(밀리지 않도록 주의)

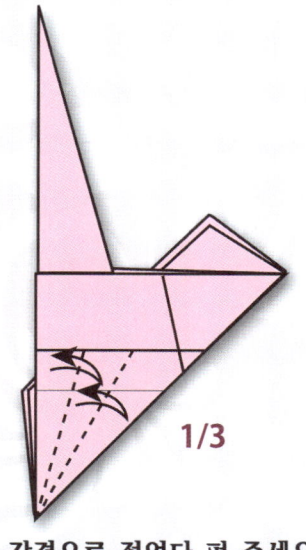

19 3분의1 간격으로 접었다 펴 주세요

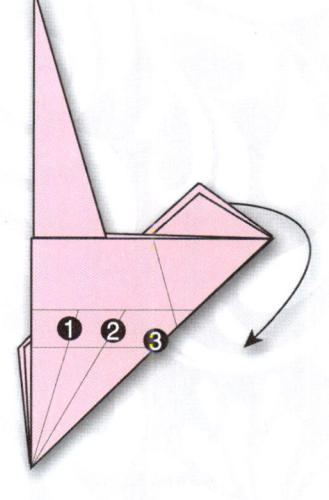

20 다시 펴주고

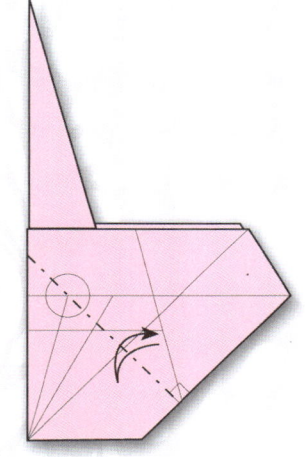

21 1번 끝라인과 맞추어 직각이
되도록 접었다 펴 줍니다.

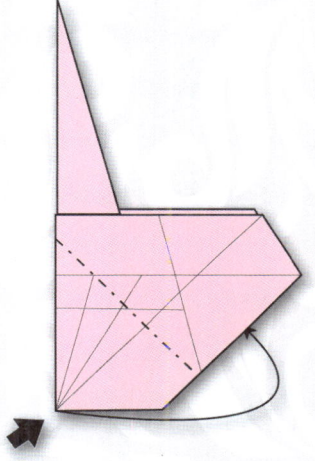

22 벌려서안쪽으로 넣어 주세요

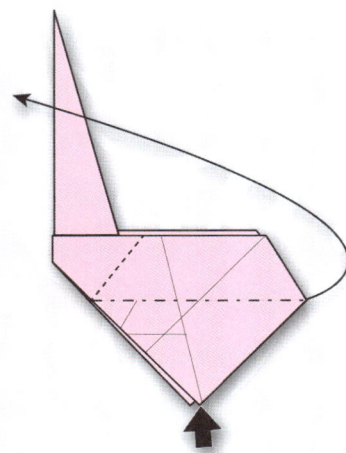

23 벌려 들어 올리면서 20번 그림
1번 선에 맞추어 산접기를 해주세요

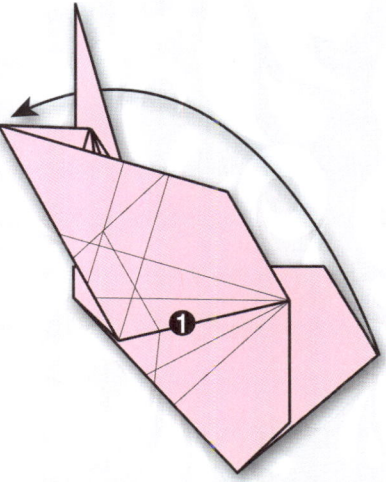

24 반대쪽도 똑같이

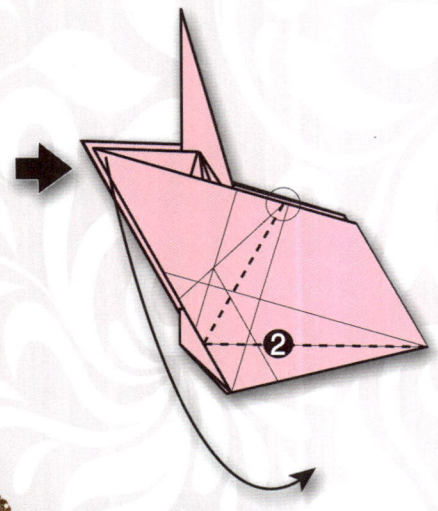

25 2번 선에 맞춰 내리고 벌려주어 끝선이 26번과 같이 접어주세요

26 동그라미 부분에 맞춰 접어주세요

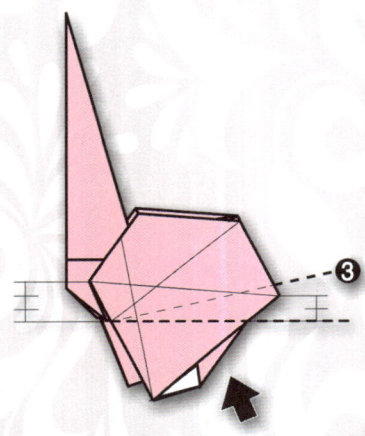

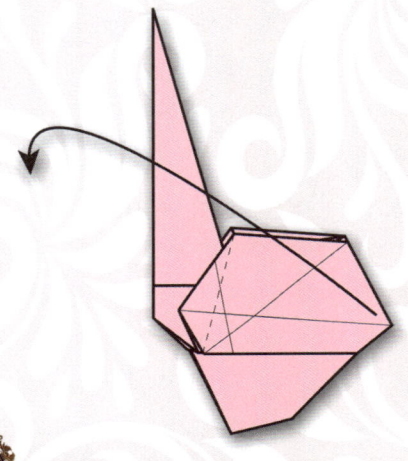

27 앞쪽을 3등분으로 나누었을 때 2/3 간격을 남기고 벌려서 안쪽으로 넣어 주고 안쪽 밑 부분은 3번 선에 맞추어 올려 눌러 주어요

28 점선대로 살짝 벌려주고

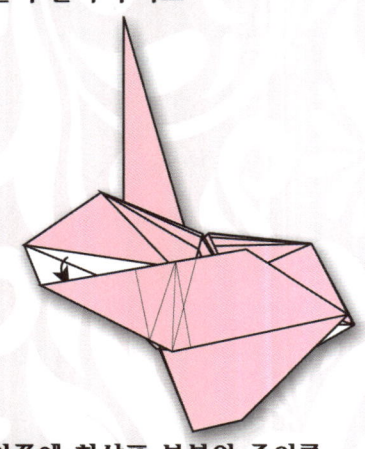

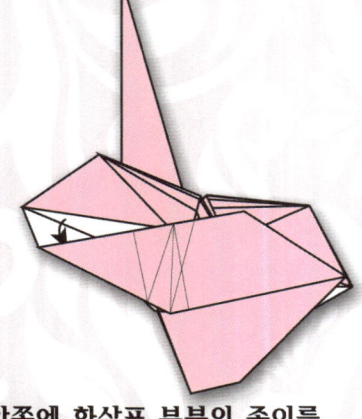

29 안쪽에 화살표 부분의 종이를 안쪽으로 펼쳐 주세요

30 다시 원위치 시켜주세요

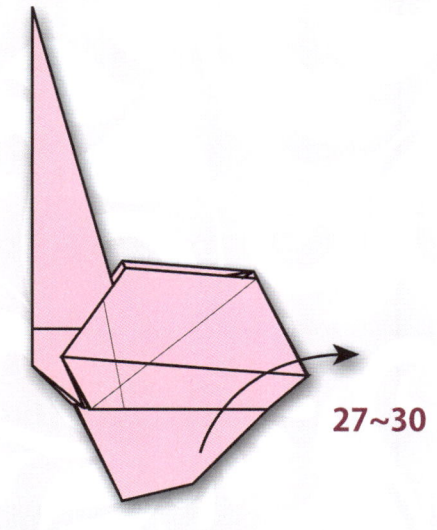

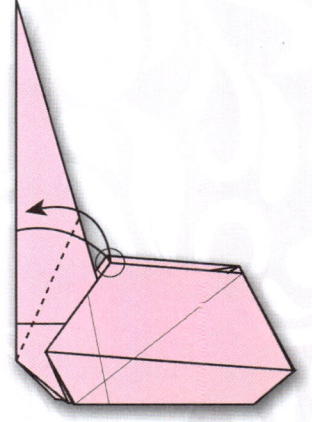

27~30

31 뒷쪽도 똑같아요

32 동그라미 끝에 맞추어
접었다 펴 주세요

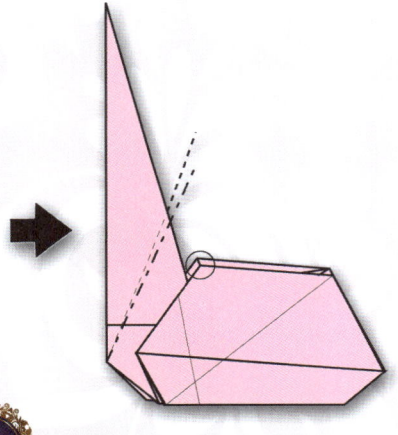

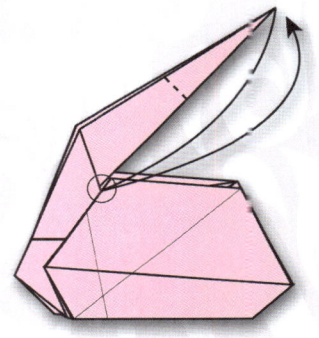

33 점선대로 안쪽으로 뒤집어
넣어 주세요

34

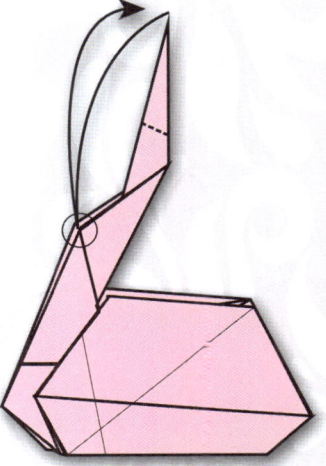

35 34번에서 접은 선 끝에 맞추어
다시 안쪽으로

36

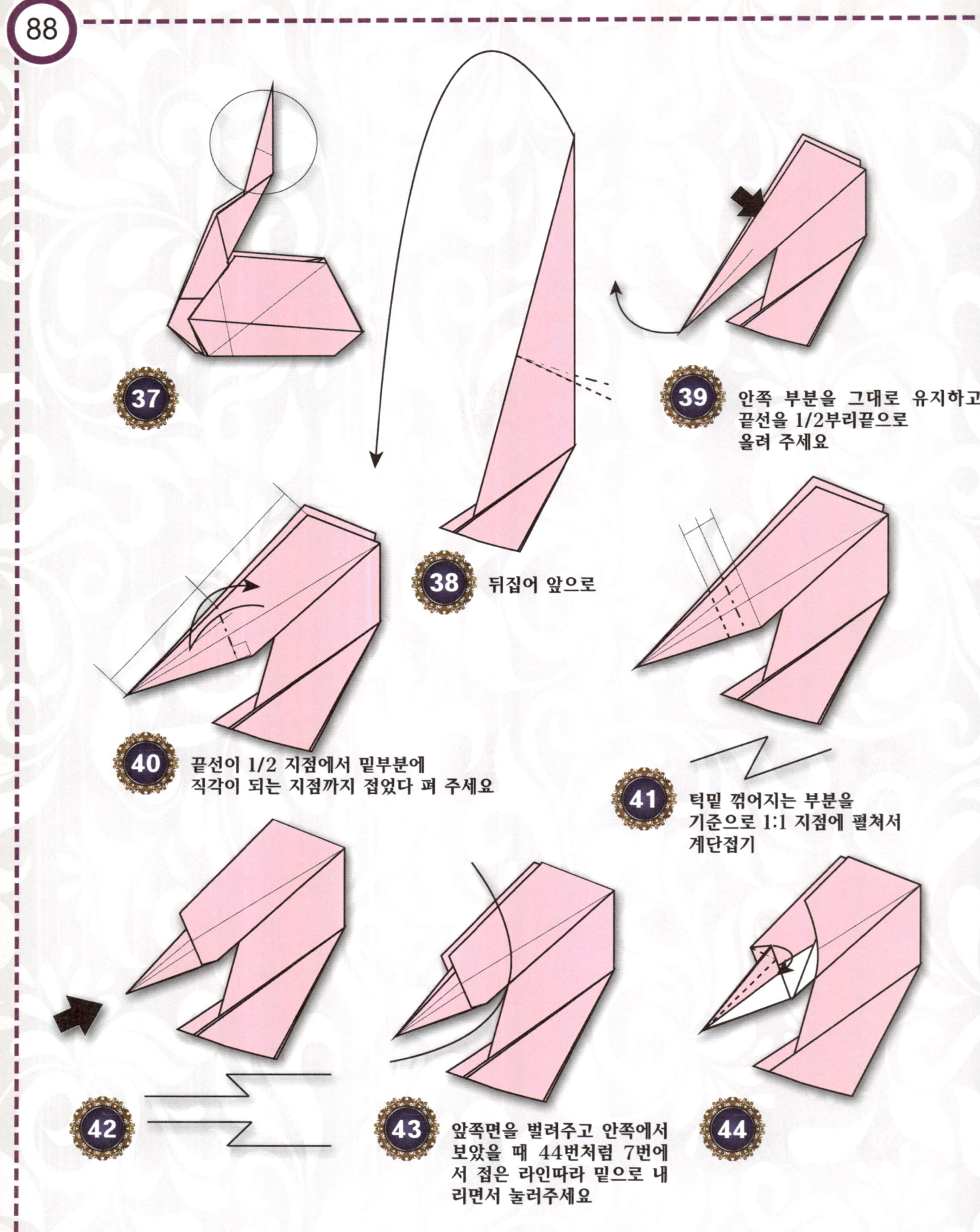

37

38 뒤집어 앞으로

39 안쪽 부분을 그대로 유지하고
끝선을 1/2부리끝으로
올려 주세요

40 끝선이 1/2 지점에서 밑부분에
직각이 되는 지점까지 접었다 펴 주세요

41 턱밑 꺾어지는 부분을
기준으로 1:1 지점에 펼쳐서
계단접기

42

43 앞쪽면을 벌려주고 안쪽에서
보았을 때 44번처럼 7번에
서 접은 라인따라 밑으로 내
리면서 눌러주세요

44

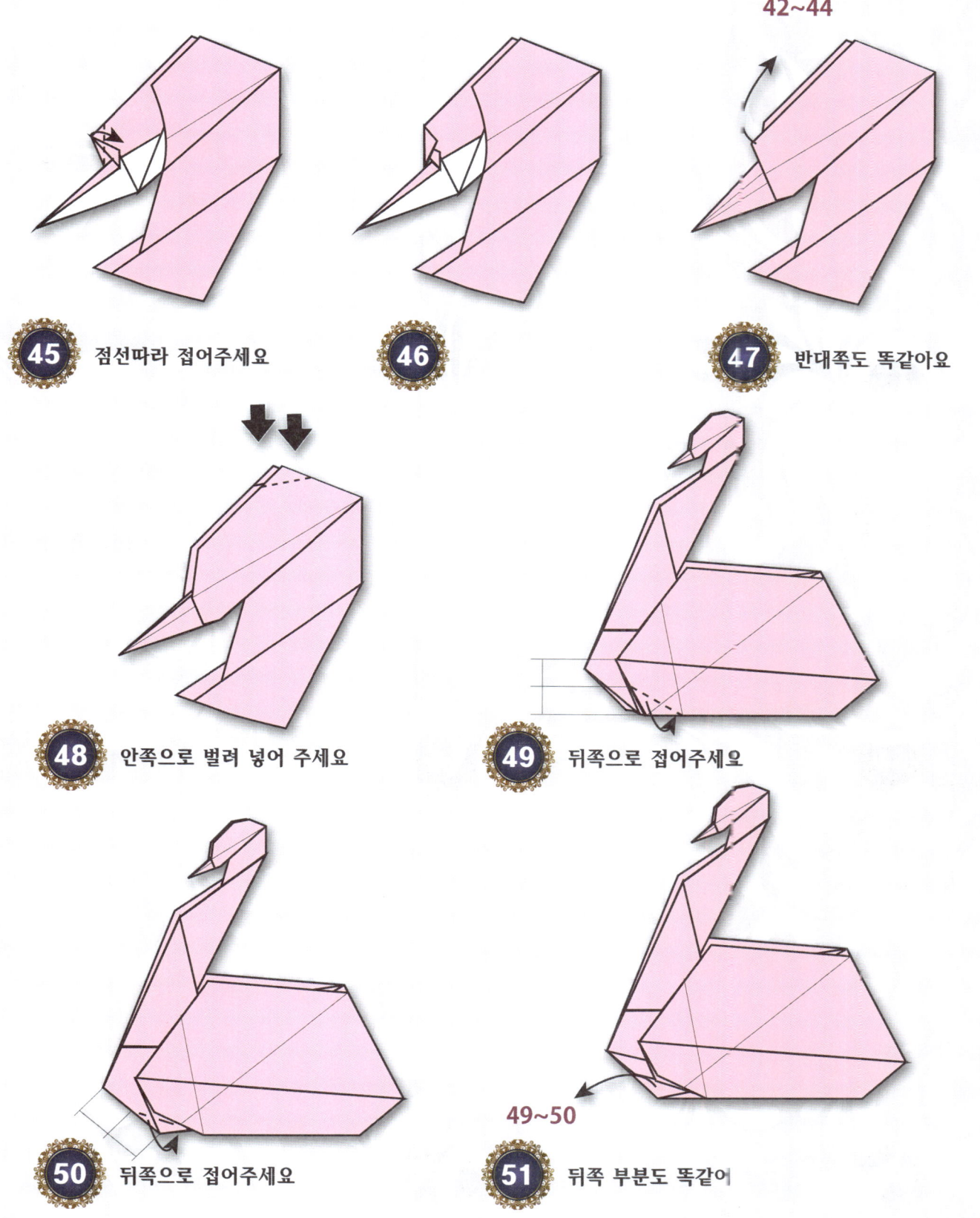

42~44

45 점선따라 접어주세요

46

47 반대쪽도 똑같아요

48 안쪽으로 벌려 넣어 주세요

49 뒤쪽으로 접어주세요

50 뒤쪽으로 접어주세요

49~50

51 뒤쪽 부분도 똑같어

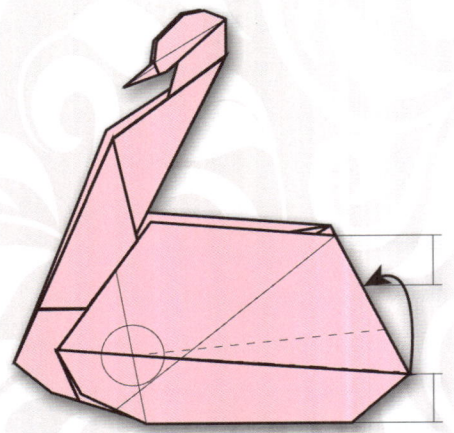

52 간격을 맞추어

돌려본 모습

53 뒷쪽으로 벌려 넘겨주어 윗날개와
돌려 본 모습
아랫날개가 벌어지지 않도록 눌러 주세요

54

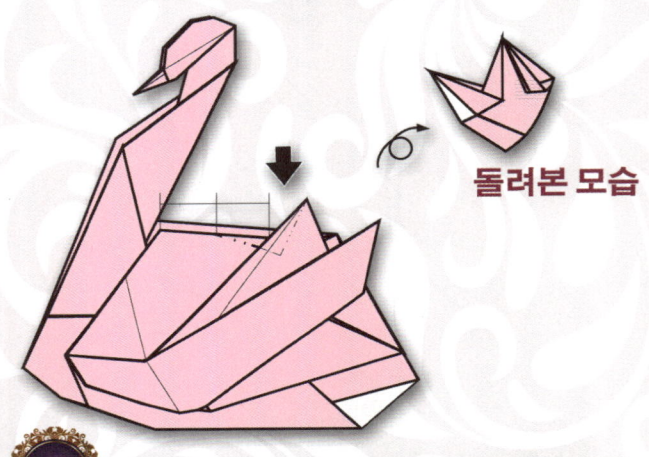

돌려본 모습

55 53번과 마찬가지로 벌어지지 않도록
벌려 눌러 주세요

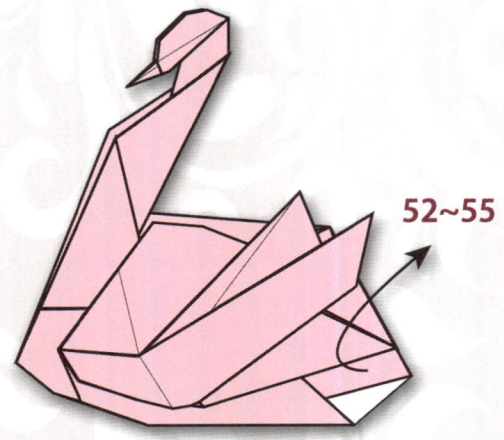

52~55

56 뒷쪽 날개도 똑같아요

57 점선 부분을 안쪽으로 접어주세요
(반대쪽 똑같이)

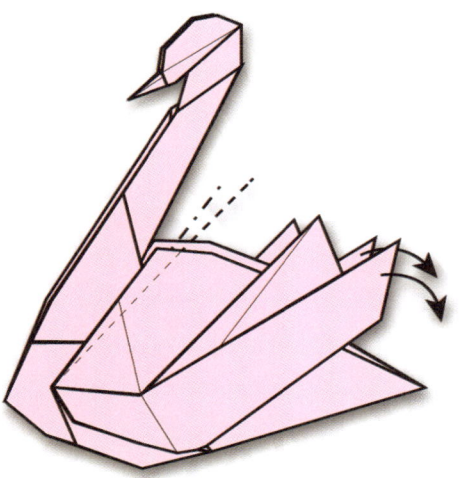

58 밑으로 내려 물러 주면서 날개가
풍성해 지도록 해주세요

59 손가락을 이용해 바닥을 펴 주세요

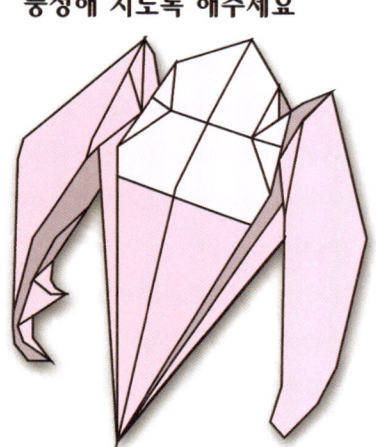

60 바닥 모습

61 꼬리 중간 부분에서 살짝 눌러주어

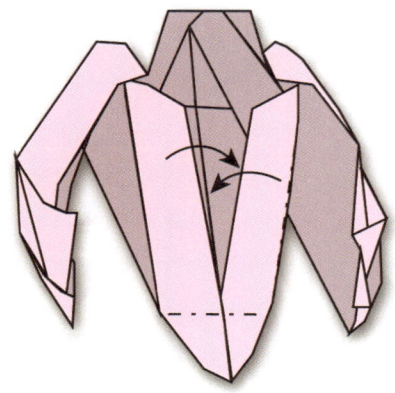

62 등 부분을 만들어 포개주세요

63 꼬리는 옆에서 보았을 때 등 부분이
벌어지지 않도록 말아 주세요

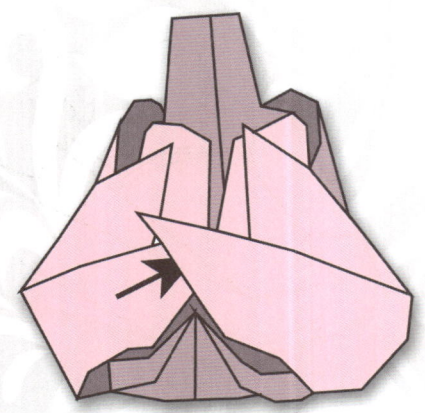

64 끼워넣기

완 성

헬리콥터

정사각형

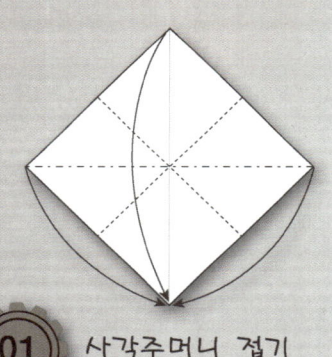

01 사각주머니 접기
(종이접기 알아두기 참조)

02 중앙을 기준으로
접었다 펴주세요

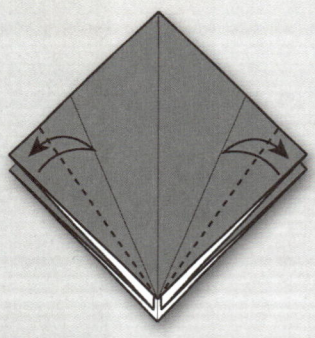

03 점선따라 반 접어 주세요

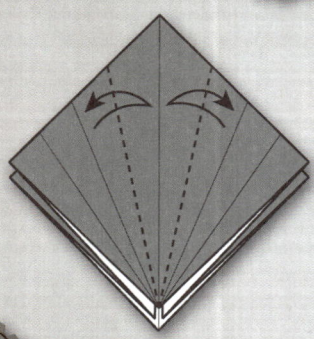

04 윗쪽도 똑같아요

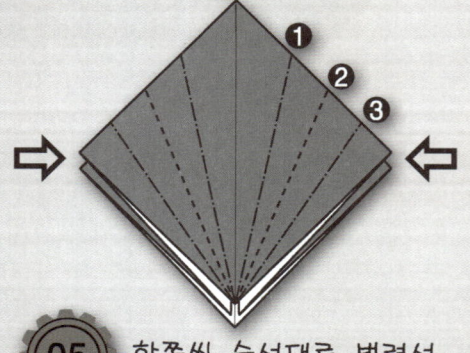

05 한쪽씩 순서대로 벌려서
안쪽으로 접어 주세요

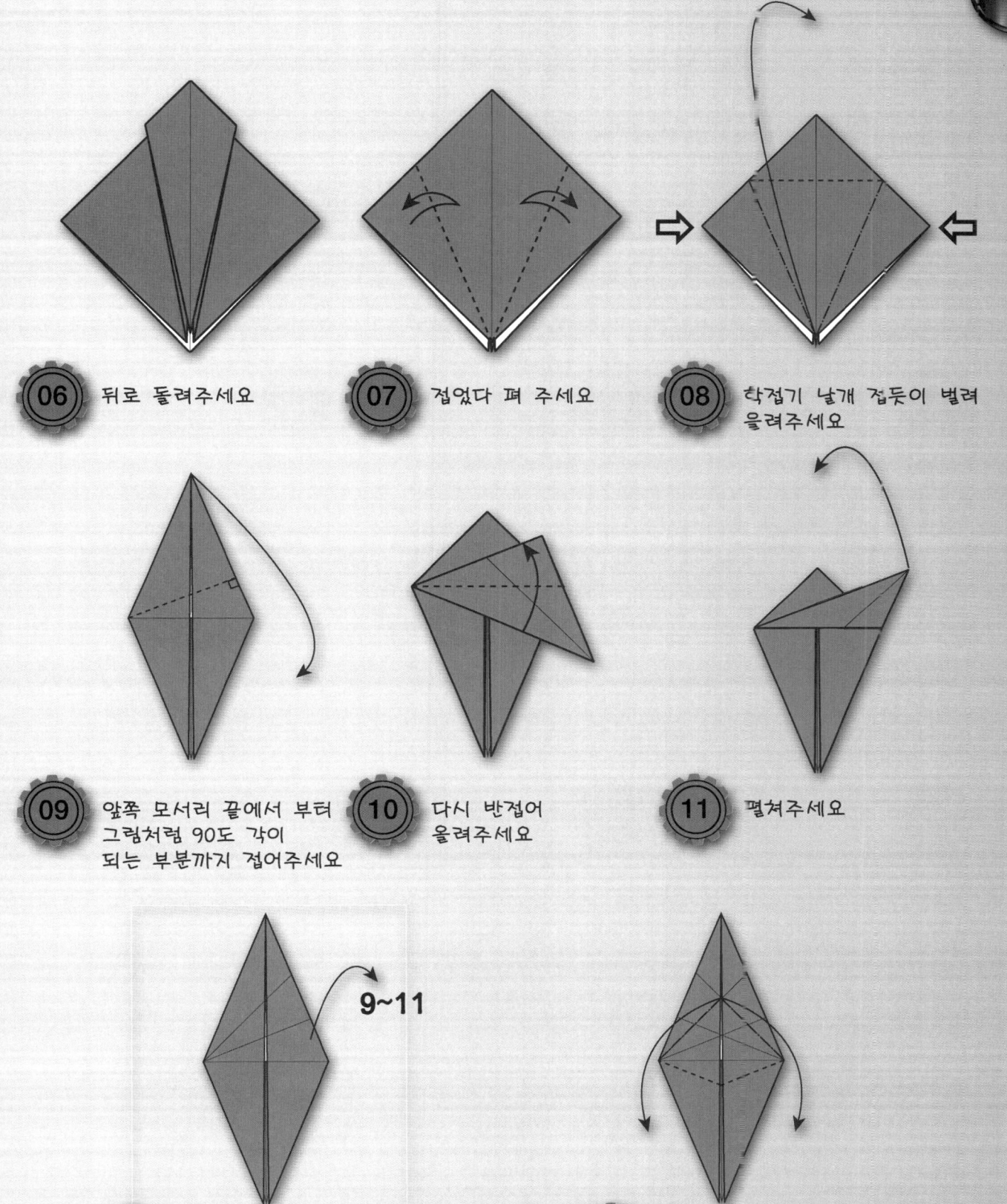

06 뒤로 돌려주세요

07 접었다 펴 주세요

08 타접기 날개 접듯이 벌려 을려주세요

09 앞쪽 모서리 끝에서 부터 그림처럼 90도 각이 되는 부분까지 접어주세요

10 다시 반접어 올려주세요

11 펼쳐주세요

9~11

12 반대쪽도 똑같아요

13 선에 맞즈어 벌려 내려주세요

14 점선 부분 올려주고요

15 모아서 한쪽으로 넘겨 주세요

16

close sink

open sink

17

18

19 중앙을 기준으로 옆쪽을 접었다 펴준 후 위쪽은 그대로 유지한 상태로 손가락을 이용해 안쪽으로 넣어주고 밑부분은 벌려서 안쪽으로 넣어주세요

20 마찬가지로 중앙을 기준으로 접었다 펴준 후 벌려서 안쪽으로 넣어 주세요

21

22 흰색 부분을 찢어지지 않도록 빼내어 펼쳐 주세요

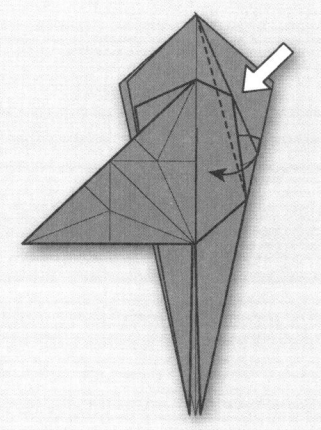

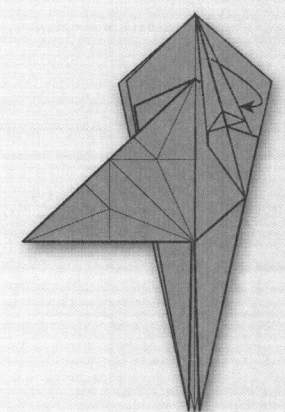

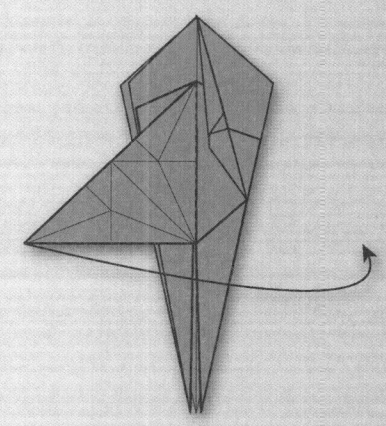

23 점선따라 벌리면서 펼쳐 주세요

24 뒤쪽 부분은 보이지 않도록 뒤쪽으로 넘겨 접어 주어요

25

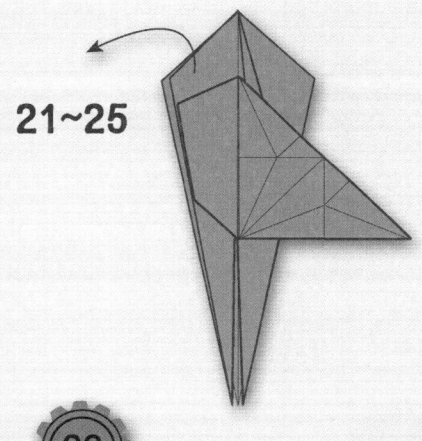

21~25

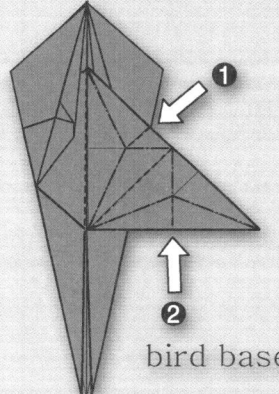

bird base

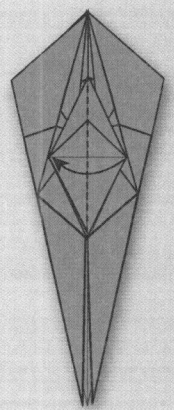

26

27 우선1번을 손가락으로 눌러주어 밀어 올리면서 2번을 벌려 학접기 기본형을 접어줍니다

28

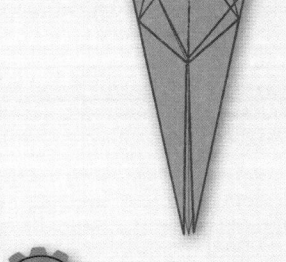

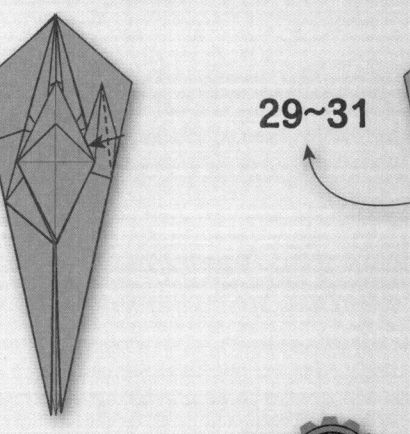

29~31

29 29번에서 접었던 곳을 다시 되돌리면서 위로 올려주세요

30

31

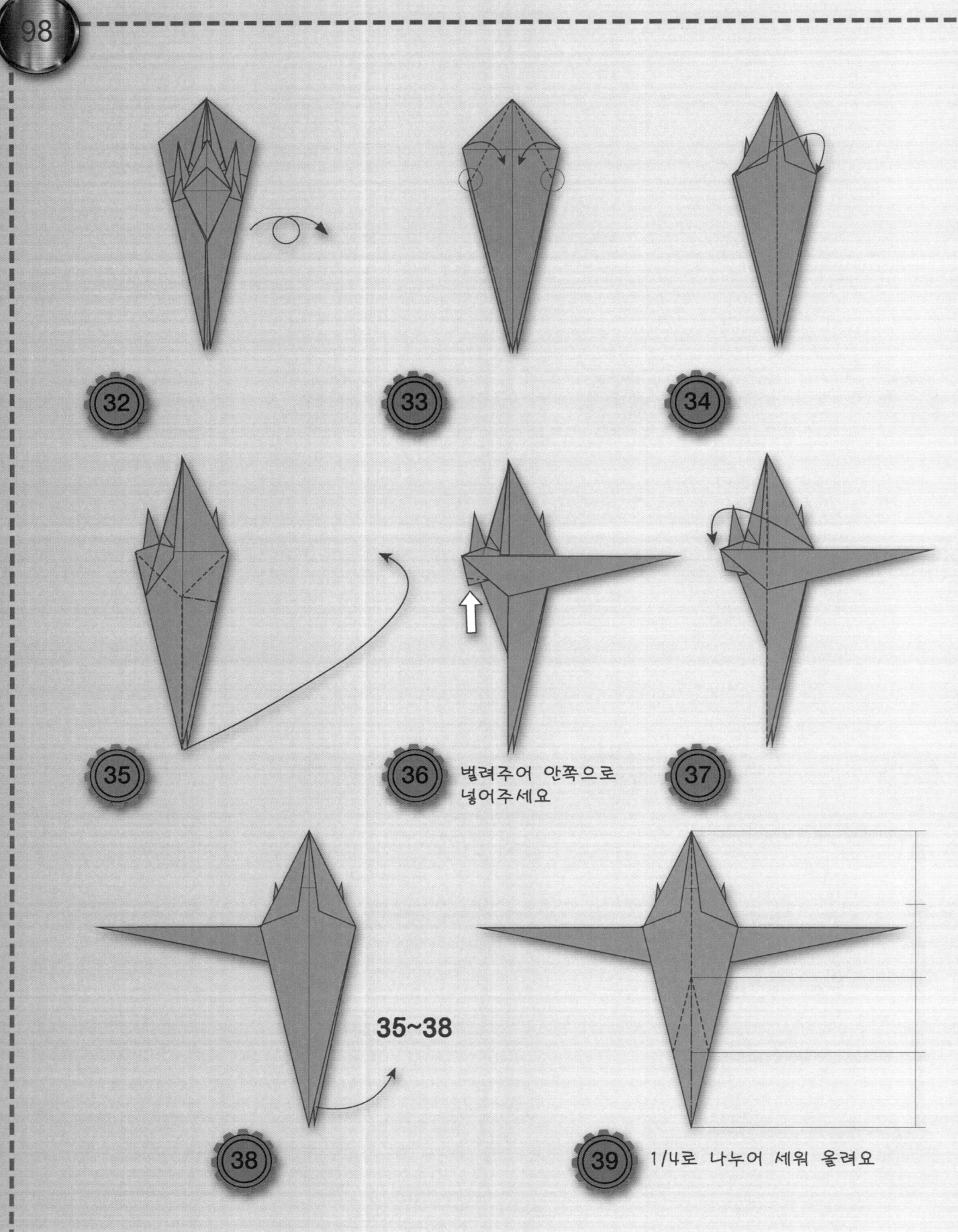

32

33

34

35

36 벌려주어 안쪽으로
넣어주세요

37

38

35~38

39 1/4로 나누어 세워 올려요

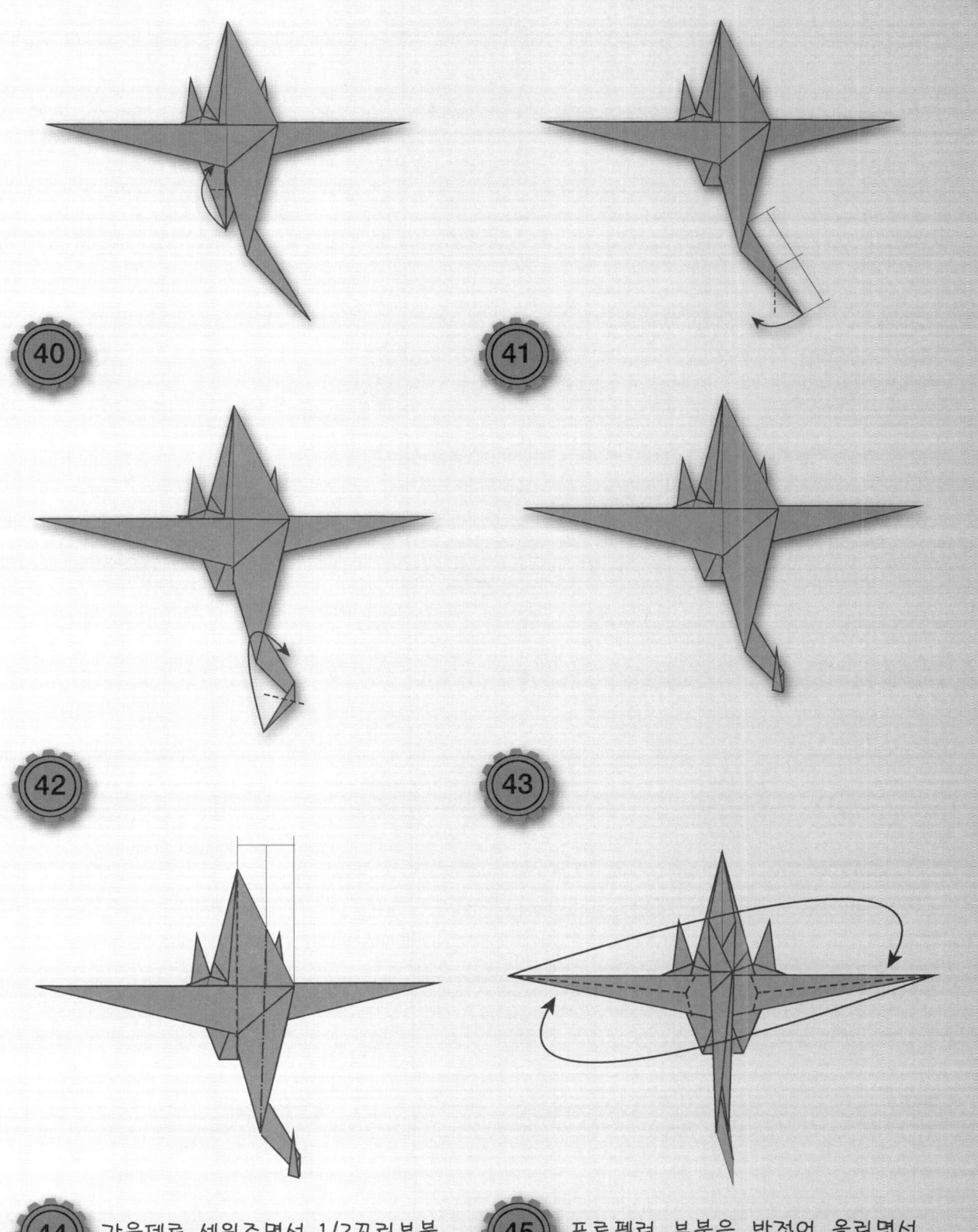

40

41

42

43

44 가운데로 세워주면서 1/2꼬리부분
부터 앞쪽은 약간 벌어지게 점선대로
세워 양쪽이 모아질 수 있도록접어주세요
(반대편 부분도 똑같이)

45 프로펠러 부분은 반접어 올리면서
양쪽 끝을 돌려 감아주세요

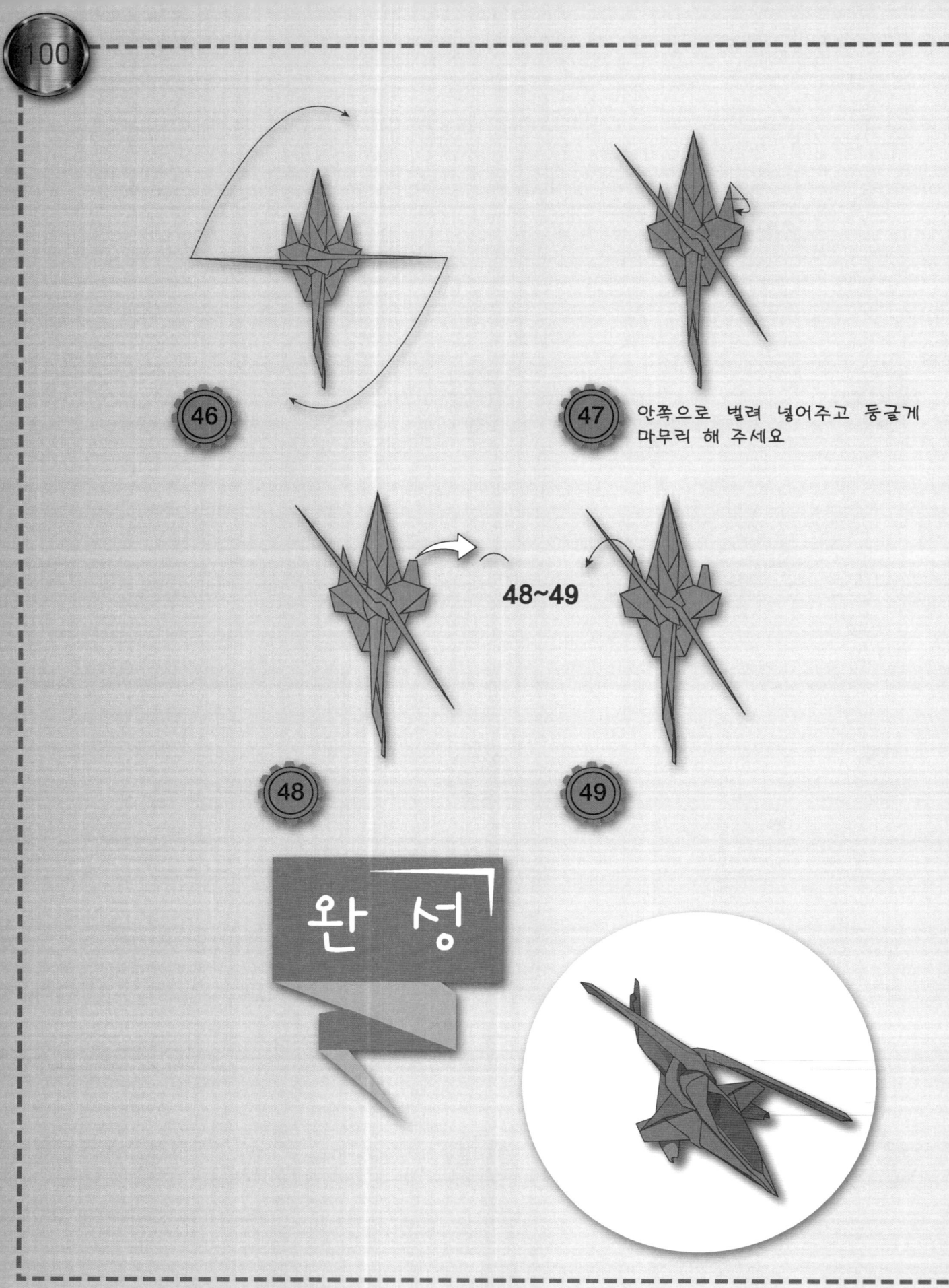

46

47 안쪽으로 벌려 넣어주고 둥글게
마무리 해 주세요

48~49

48

49

완성

전투기

정사각형

01 사각주머니 접기
(종이접기 알아두기 참조)

02 중앙선을 기준으로
접었다 펴주세요

03 접었던 선에 맞춰 아래로
접었다 펴주세요

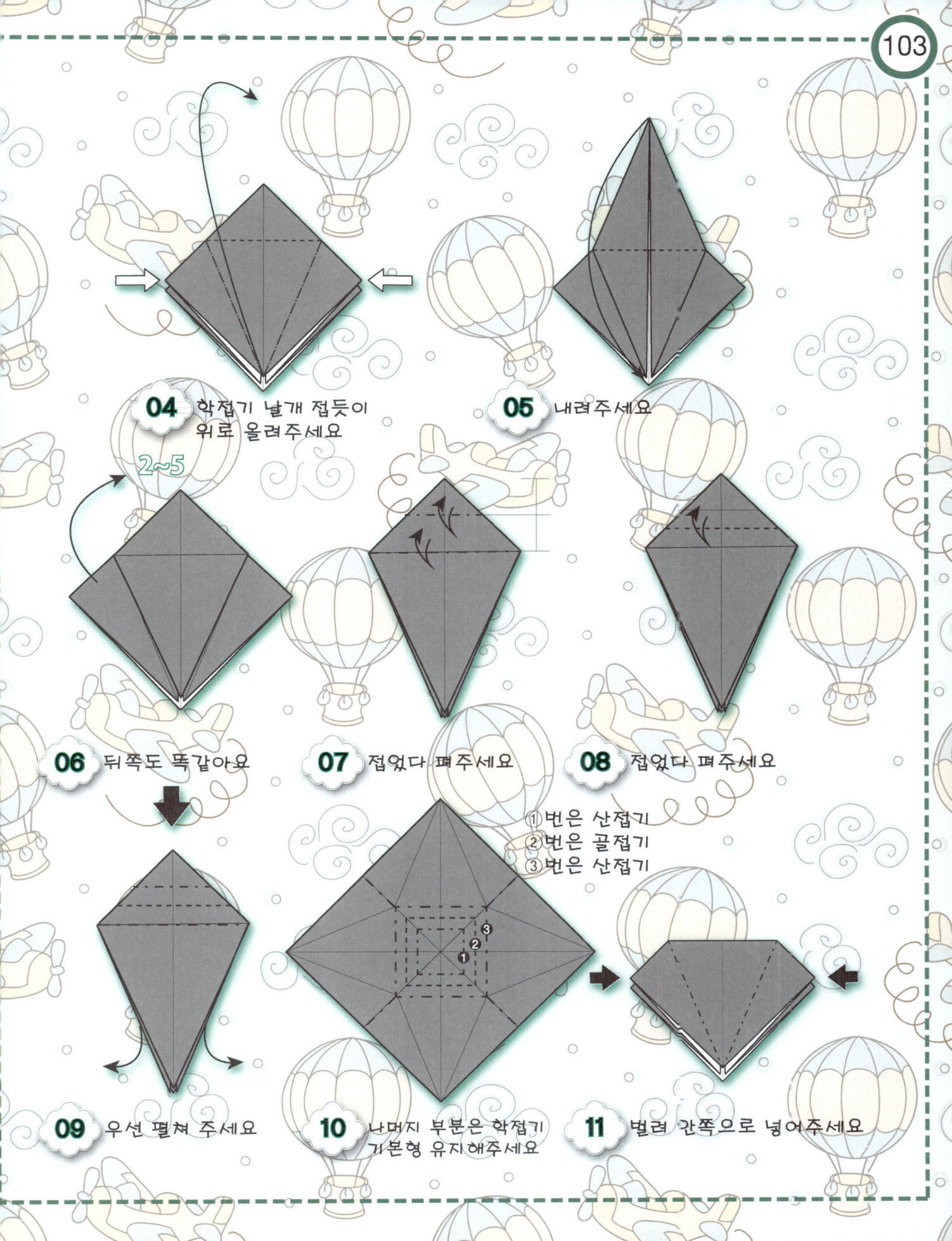

04 학접기 날개 접듯이 위로 올려주세요

05 내려주세요

2~5

06 뒤쪽도 똑같아요

07 접었다 펴주세요

08 접었다 펴주세요

①번은 산접기
②번은 골접기
③번은 산접기

09 우선 펼쳐 주세요

10 나머지 부분은 학접기 기본형 유지해주세요

11 벌려 안쪽으로 넣어주세요

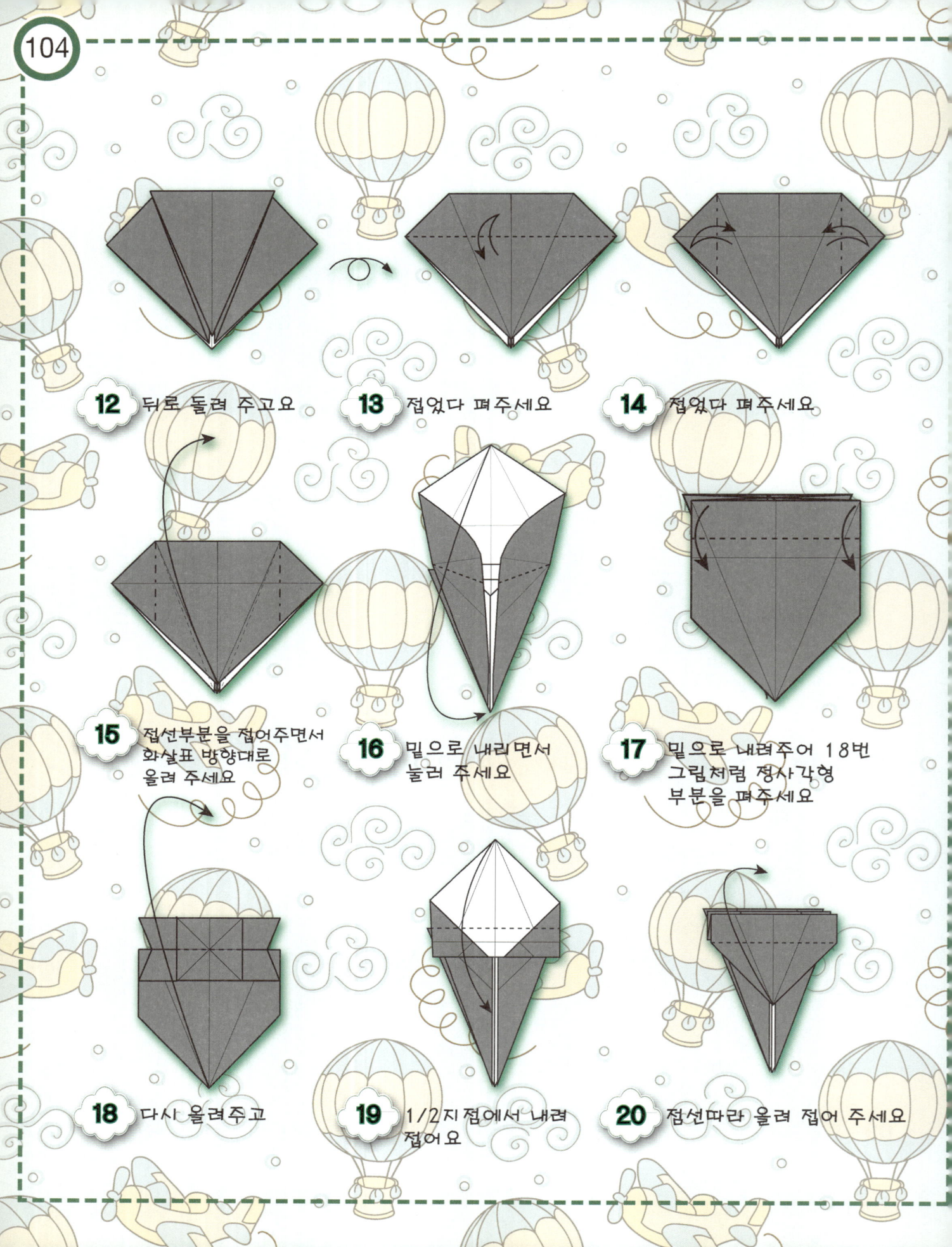

12 뒤로 돌려 주고요

13 접었다 펴주세요

14 접었다 펴주세요

15 접선부분을 접어주면서
화살표 방향대로
올려 주세요

16 밑으로 내리면서
눌러 주세요

17 밑으로 내려주어 18번
그림처럼 정사각형
부분을 펴주세요

18 다시 올려주고

19 1/2지점에서 내려
접어요

20 접선따라 올려 접어 주세요

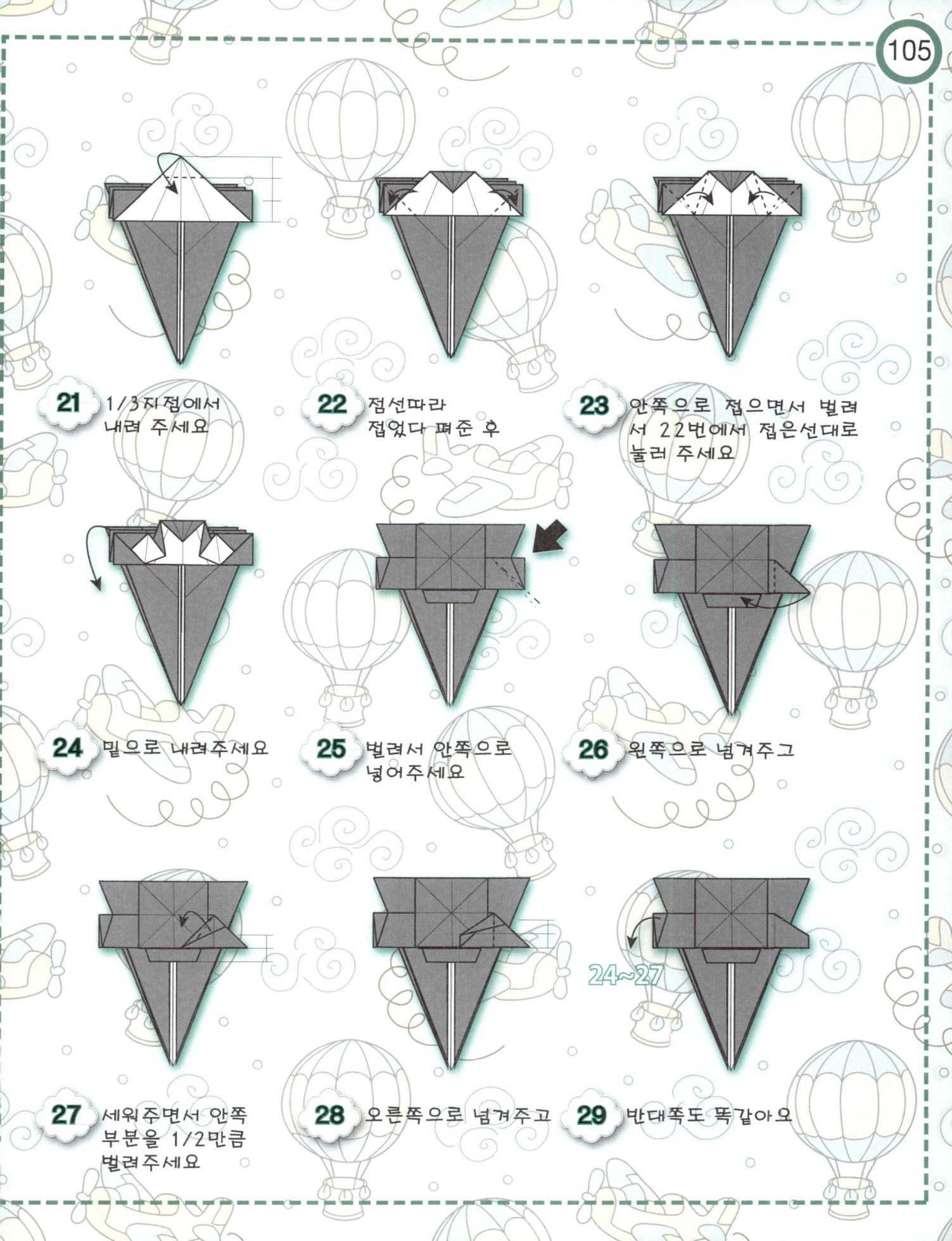

21 1/3지점에서
내려 주세요

22 접선따라
접었다 펴준 후

23 안쪽으로 접으면서 벌려
서 22번에서 접은선대로
눌러 주세요

24 밑으로 내려주세요

25 벌려서 안쪽으로
넣어주세요

26 왼쪽으로 넘겨주고

24~27

27 세워주면서 안쪽
부분을 1/2만큼
벌려주세요

28 오른쪽으로 넘겨주고

29 반대쪽도 똑같아요

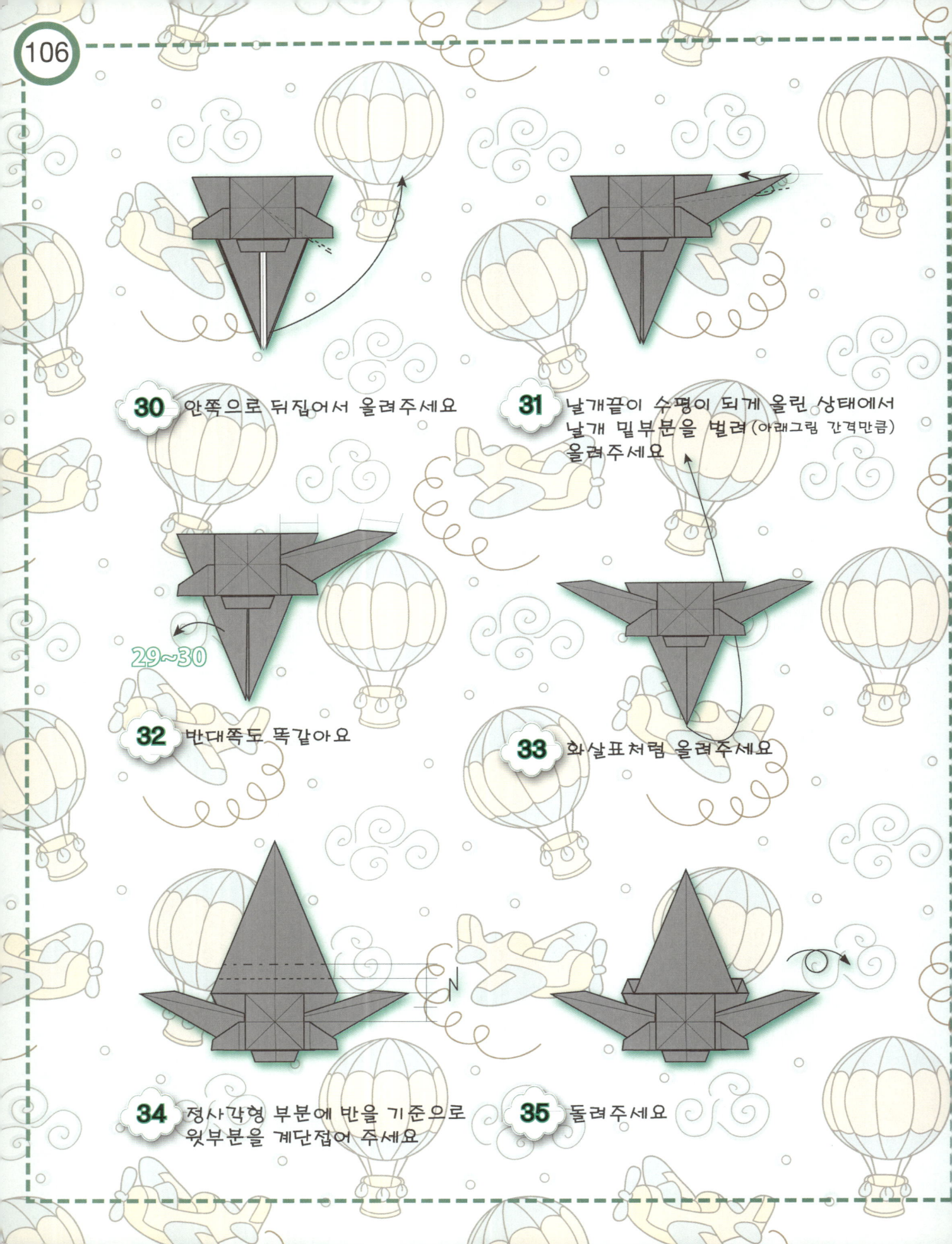

30 안쪽으로 뒤집어서 올려주세요

31 날개끝이 수평이 되게 올린 상태에서
날개 밑부분을 벌려(아래그림 간격만큼)
올려주세요

29~30

32 반대쪽도 똑같아요

33 화살표처럼 올려주세요

34 정사각형 부분에 반을 기준으로
윗부분을 계단접어 주세요

35 돌려주세요

36 1/2간격만큼 안쪽으로 **37** 확대

38 1/3지점에서 벌려주세요
40번처럼 눌러 주세요

앞쪽에서 본 모습

40

41 양쪽 모두

39 밑부분을 위로 올려주는데 앞에서 보았을때 밑에 나온
부분을 안보이게 접어주세요

42 통으로 뒤로 접었다 펴 주세요

43 먼저접은 선끝에 맞춰 앞부분 1/3
지점까지 뒤로 접었다 펴주세요

44 접었다 펴주세요
(선끝을 잘보고 접어주세요)

45 ①번 부분이 옆에서 보았을 때 위로 올라가게 모아 주세요

46 옆으로 돌려서

47 모아진 ①번 부분이 벌어지지 않도록 윗부분을 벌려 눌러주어요

48 뒤로 접어줄 때 접은 앞부분이 뒷부분보다 적게 그림처럼 접어주세요

49 수직 날개를 세워주세요
(머리부분이 몸통쪽보다 아래쪽으로 내려올 수 있게 내려주세요)

50 앞에서 보았을 때 모습

완 성

F-16

직사각형 (1:2)

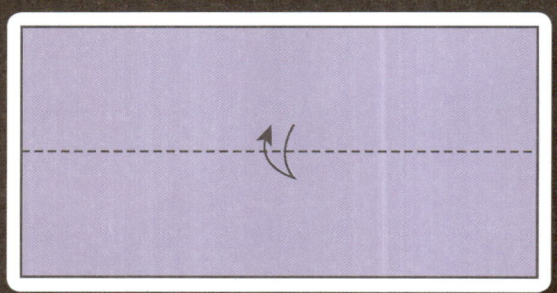

 **01** 반접었다 펴 주세요

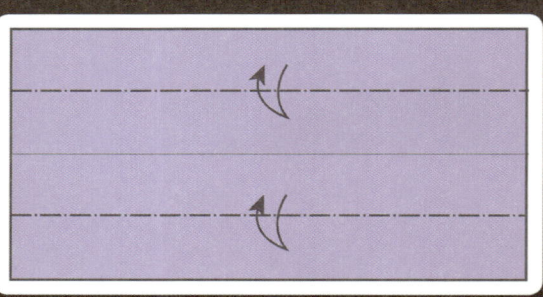

02 중앙에 맞추어 반 접었다 펴 주세요

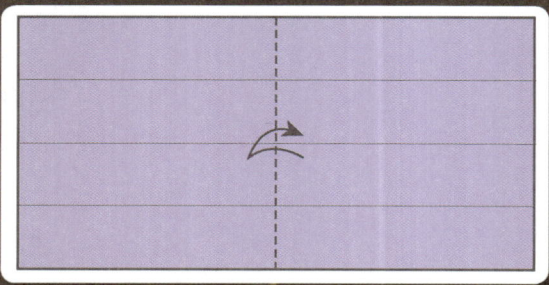

03 반접었다 펴 주세요

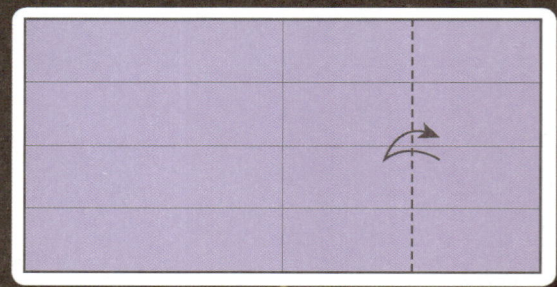

04 오른쪽을 중앙에 맞춰 반 접었다 펴 주세요

05 4번에 접은 선에 맞춰 반 접었다 펴 주세요

06 왼쪽 끝부분도 5번에 간격만큼 접었다 펴 주세요

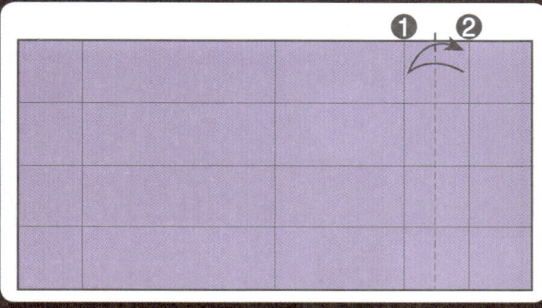

07 1~2번선을 기준으로 반 접었다 펴 주는데 윗부분만 살짝 표시 해주세요

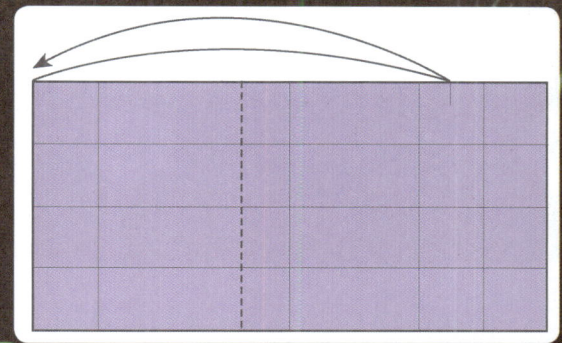

08 7번에서 표시한 선까지 반 접었다 펴 주세요

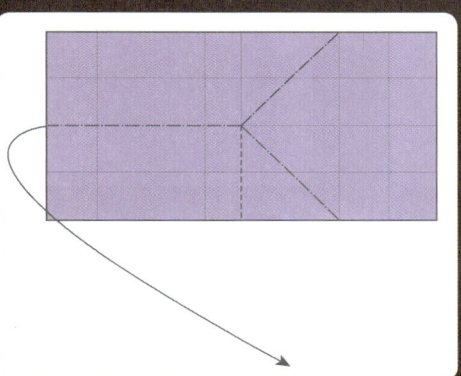

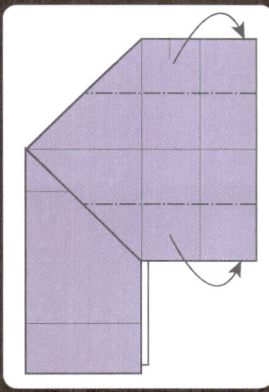

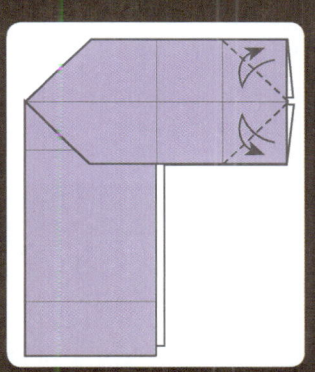

09 선을 따라 반접어 밑으로 내려주세요

10 뒤쪽으로 넘겨 접어요

11 끝부분을 대각선으로 접었다 펴 주세요

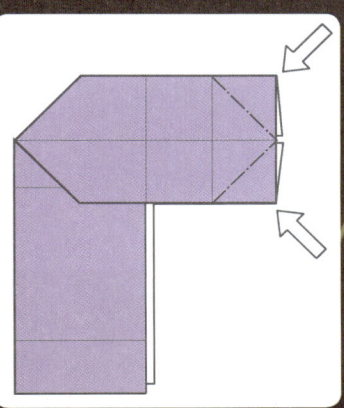

12 벌려주어 안쪽 으로 넣어 눌러주세요

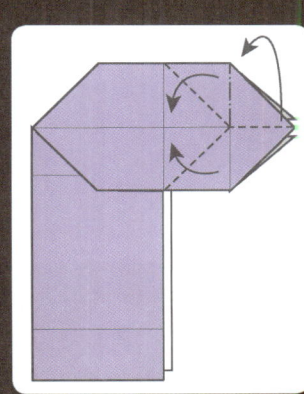

13 가운데로 모아 위로 올려주세요

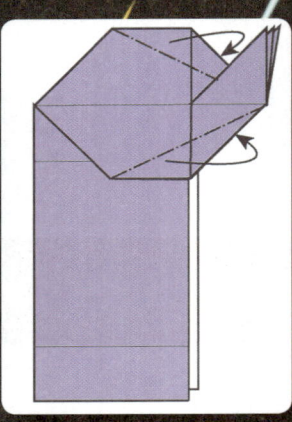
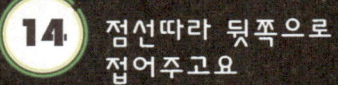

14 점선따라 뒷쪽으로 접어주고요

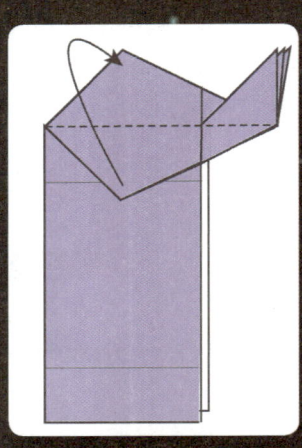

15 위로 올려주세요

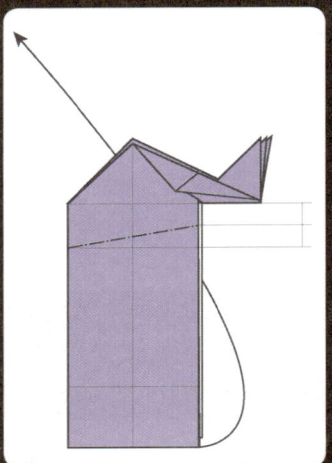

16 뒷부분이 1/2지점까지 점선따라 뒤로 올려주세요

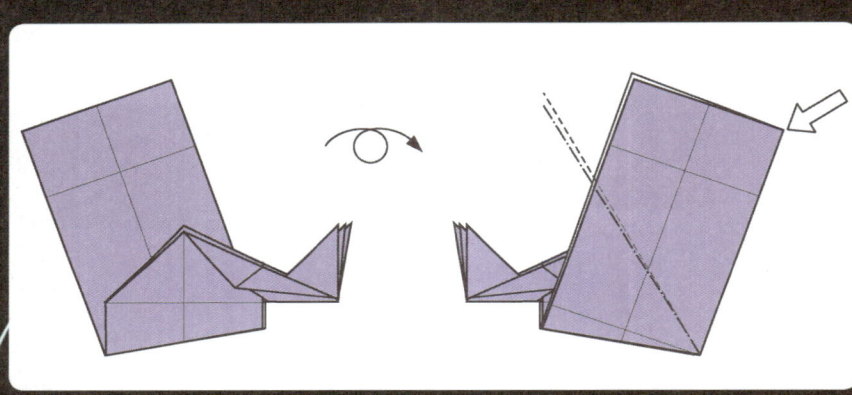

17 뒤로 돌려주세요

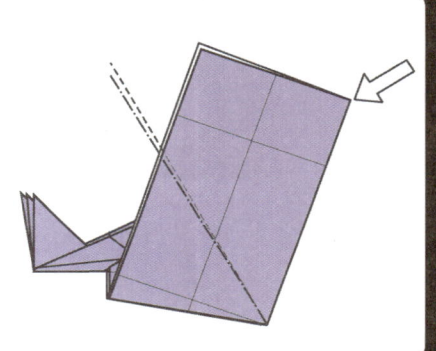

18 손가락을 이용해 16번에서 접은 선을 중심으로 양쪽 으로 벌려주어 눌러 주세요

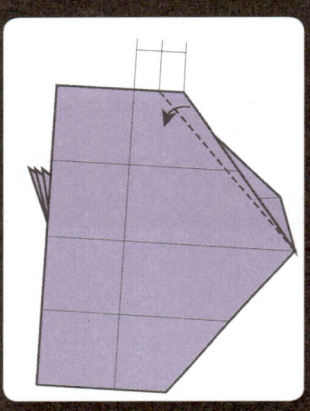

19 그림처럼 1/2간격까지 안쪽으로 접어주세요

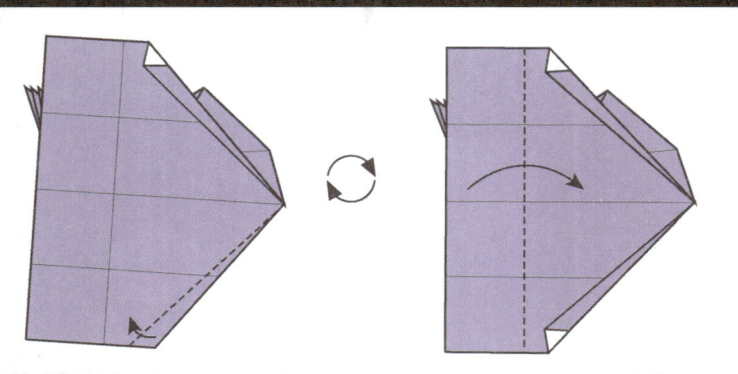

20 밑에부분도 똑같이 접어주세요

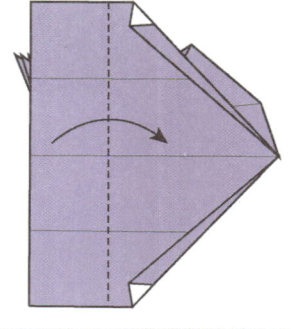

21 점선따라 접어주고요

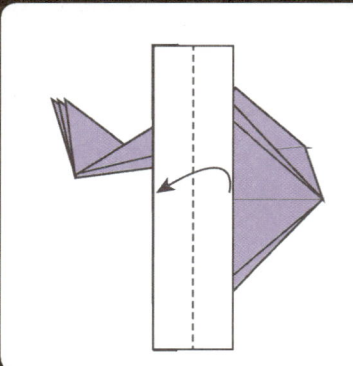

22 반대쪽으로 점선따라 접어주세요

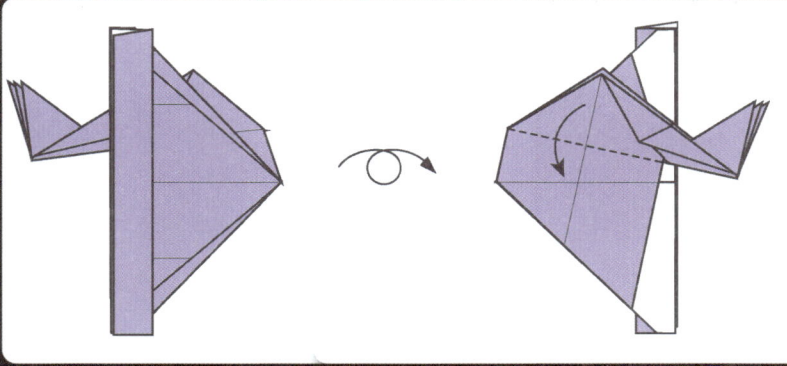

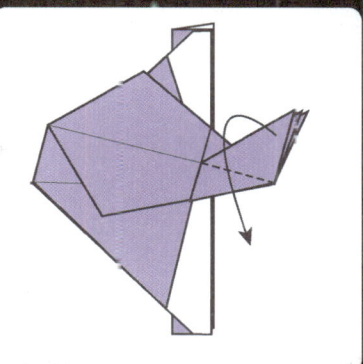

23 돌려주세요

24 밑으로 내려 주세요

25 꼬리를 26번 그림처럼 세워주고

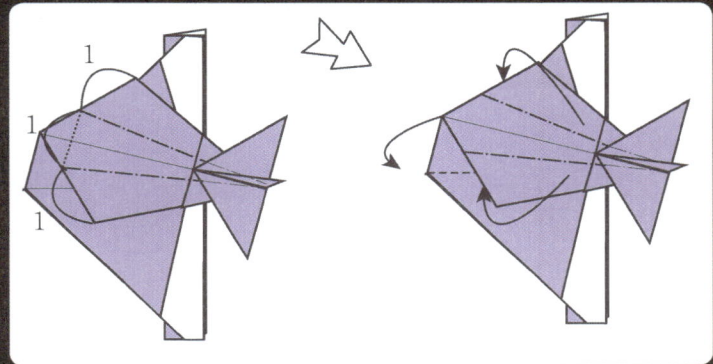

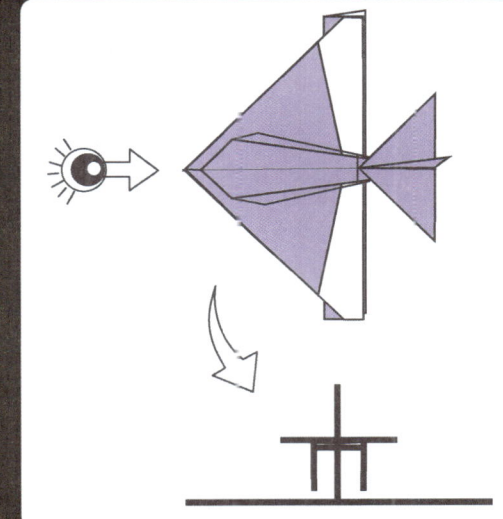

26 1:1:1 비율로 꼬리 끝까지 직각으로 세워 접어주세요

27 앞에서 보았을 때 모습

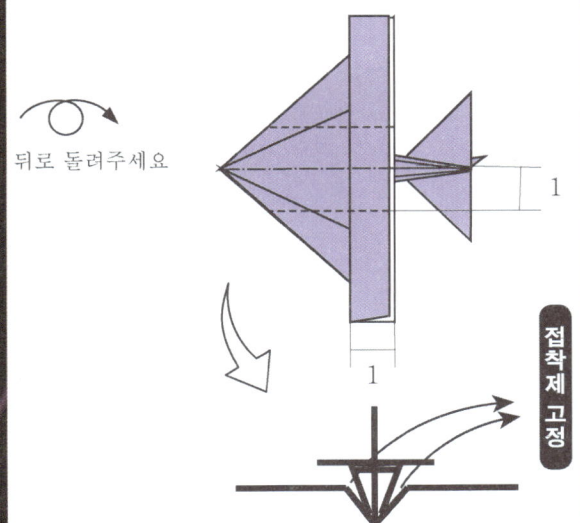

뒤로 돌려주세요

접착제 고정

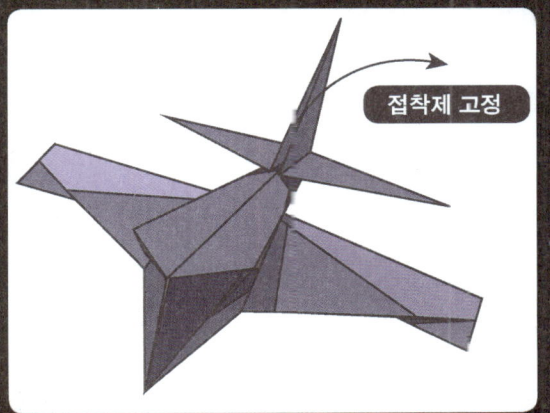

접착제 고정

28 날개의 간격만큼 점선따라 접어 올려주세요

29

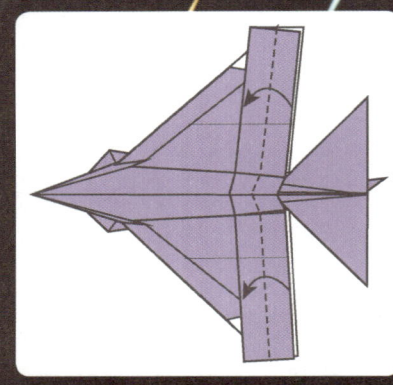

14 반 접어 올려 주세요

15 날개 중간부분 선에 맞추어 점선따라 접었다 펴 주세요

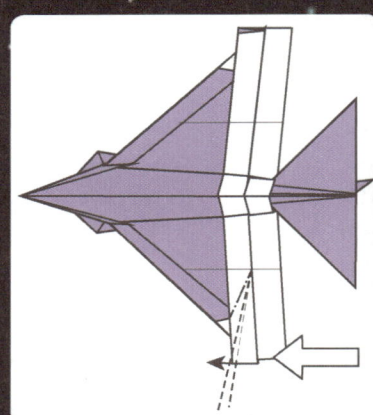

16 밀어올리면서 34번 그림처럼 접어주세요

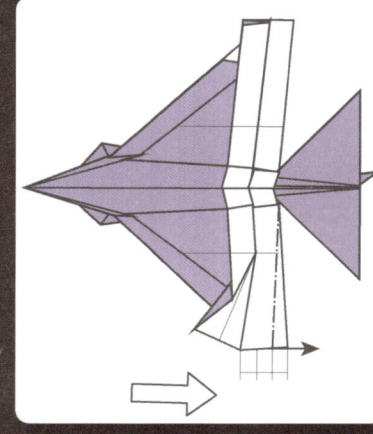

17 날개 뒤쪽을 점선이 있는 1/3 지점까지 밀어내어 접어주세요

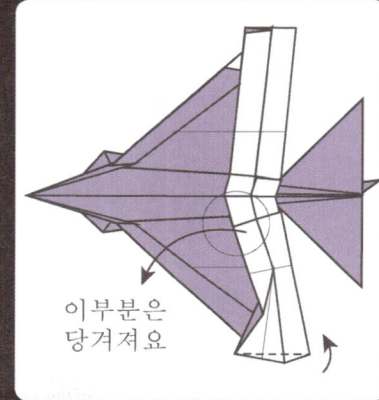

이부분은 당겨져요

18 점선부분을 위로 접어 주세요

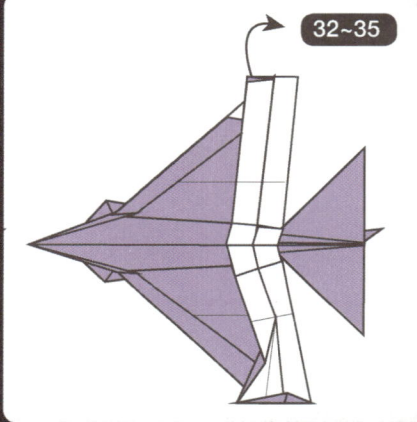

32~35

19 반대쪽도 똑같이 접어 주세요

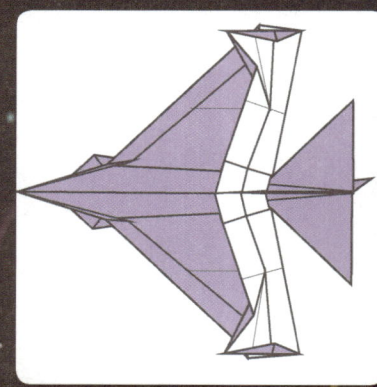

20

22 첫 번째 완성

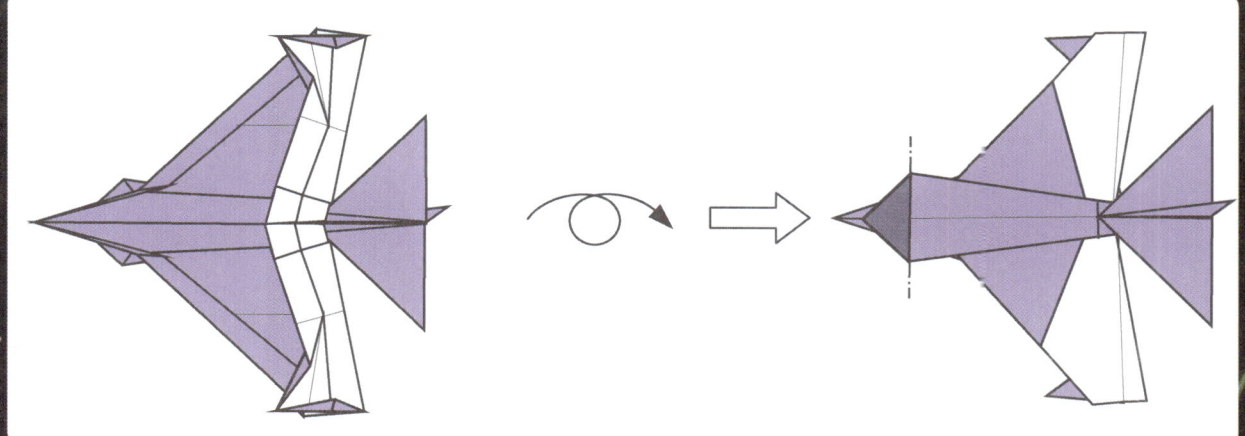

15 돌려주세요

16 머리 앞부분을 손가락을 이용해
누르면서 펼쳐 주세요

완 성

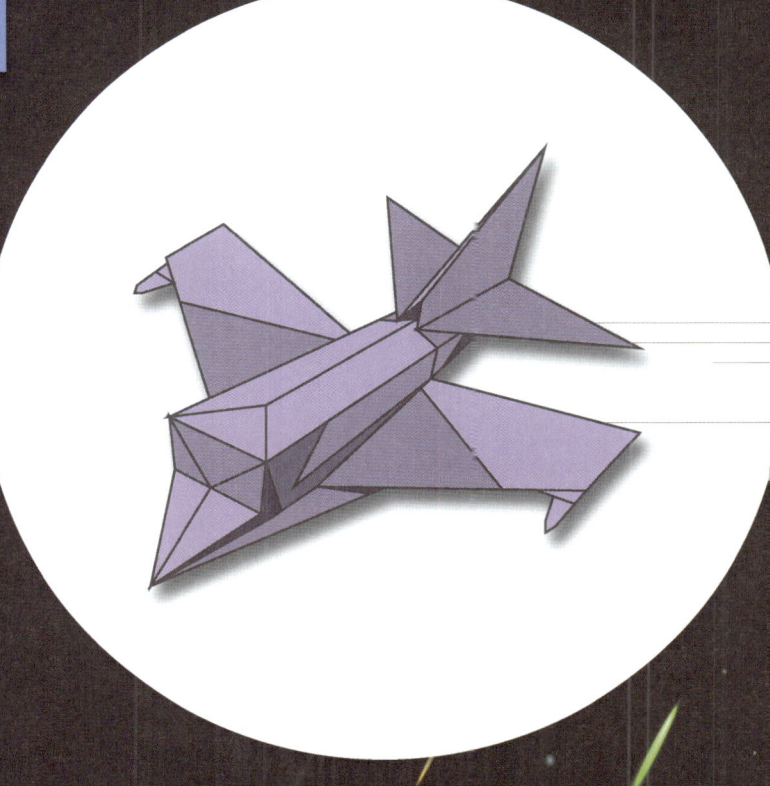

호랑나비

직사각형 (1:2)

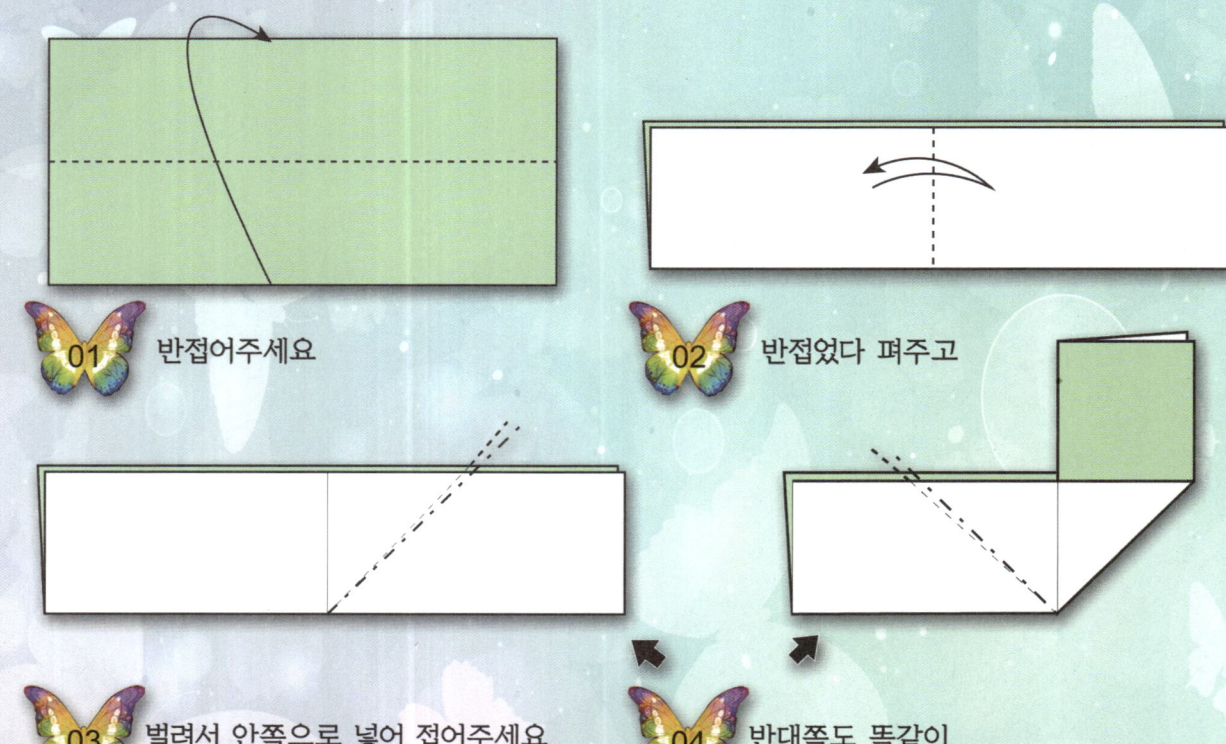

 **01** 반접어주세요

02 반접었다 펴주고

03 벌려서 안쪽으로 넣어 접어주세요

04 반대쪽도 똑같이

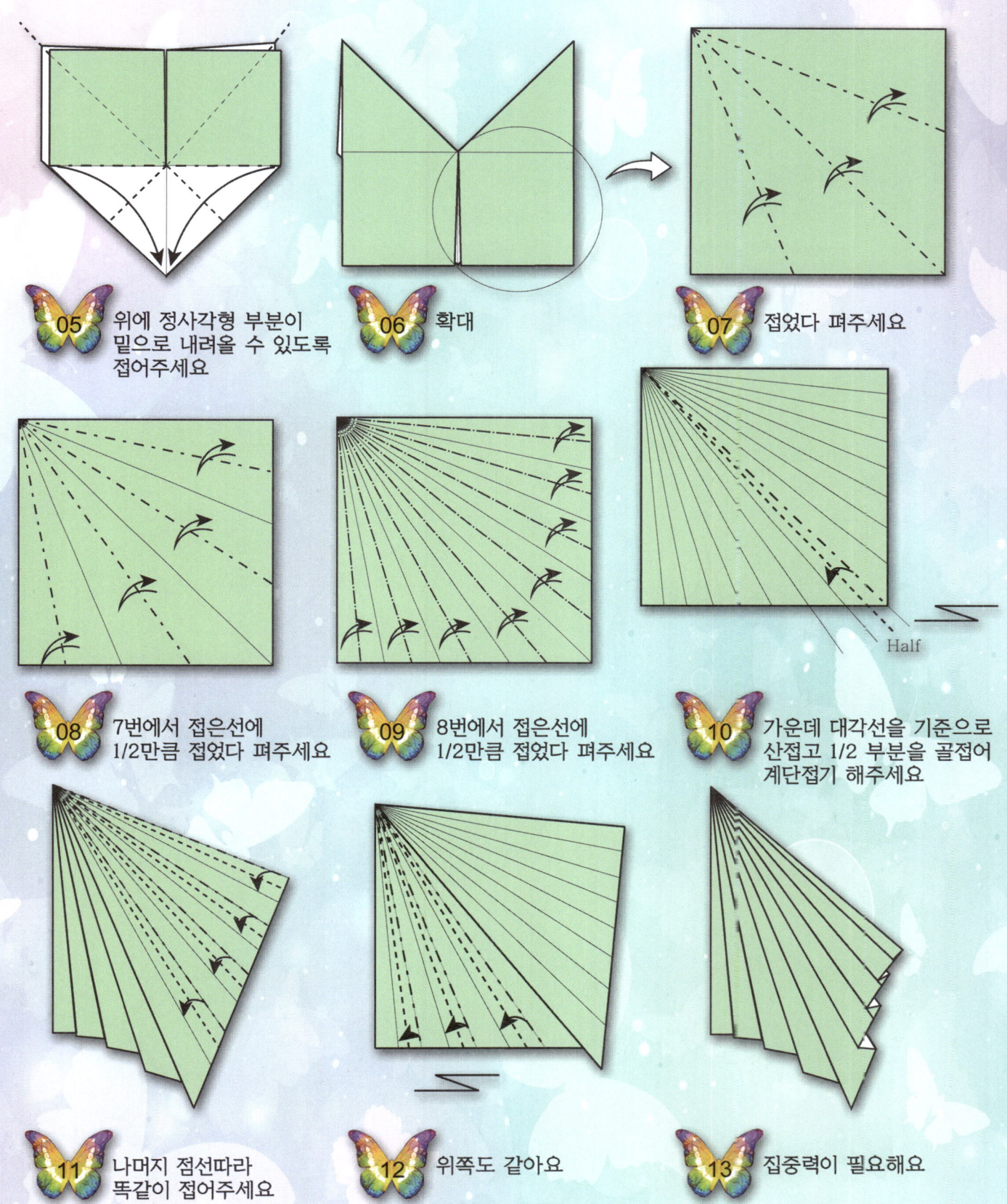

05 위에 정사각형 부분이
밑으로 내려올 수 있도록
접어주세요

06 확대

07 접었다 펴주세요

Half

08 7번에서 접은선에
1/2만큼 접었다 펴주세요

09 8번에서 접은선에
1/2만큼 접었다 펴주세요

10 가운데 대각선을 기준으로
산접고 1/2 부분을 골접어
계단접기 해주세요

11 나머지 점선따라
똑같이 접어주세요

12 위쪽도 같아요

13 집중력이 필요해요

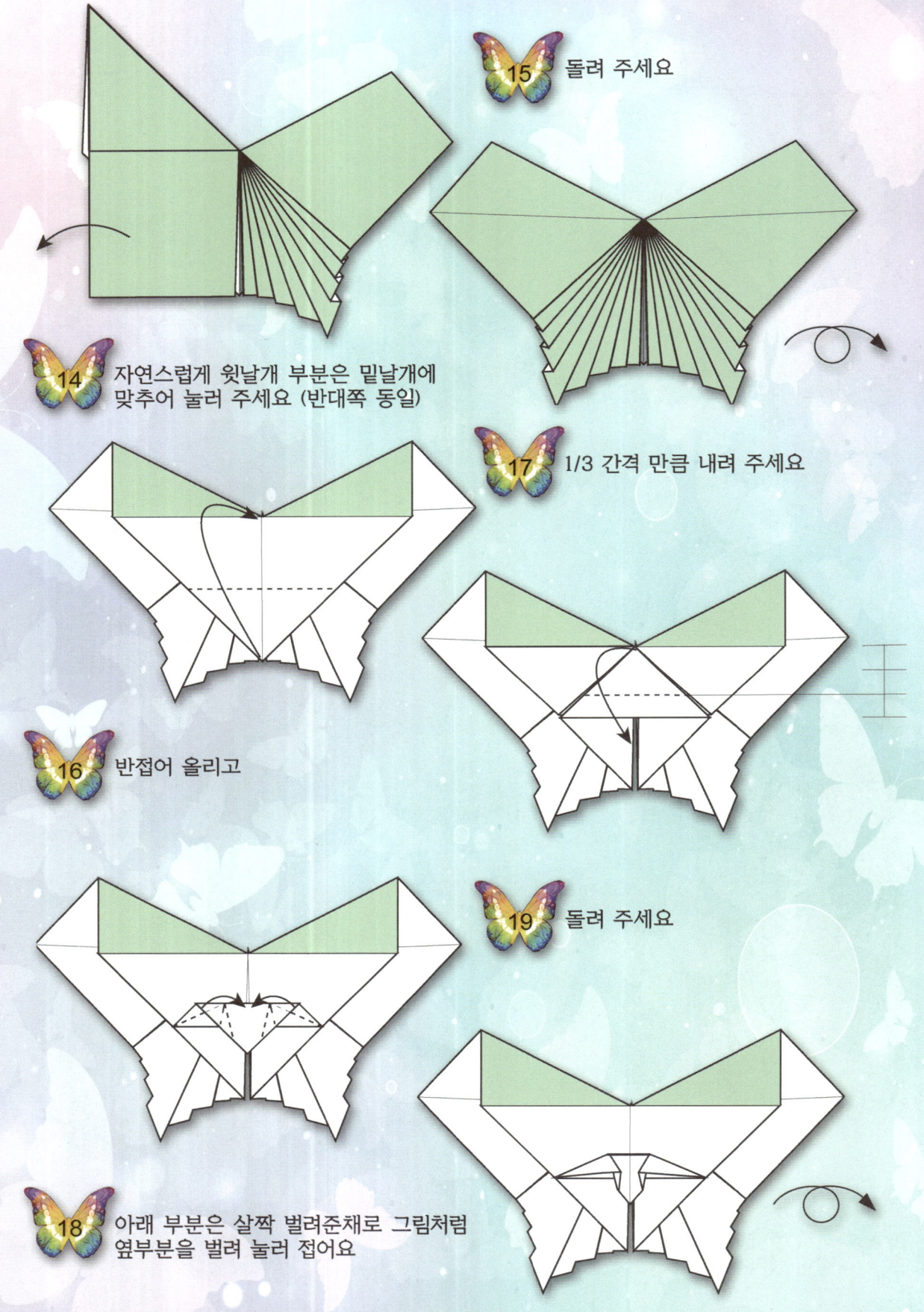

15 돌려 주세요

14 자연스럽게 윗날개 부분은 밑날개에
맞추어 눌러 주세요 (반대쪽 동일)

17 1/3 간격 만큼 내려 주세요

16 반접어 올리고

19 돌려 주세요

18 아래 부분은 살짝 벌려준채로 그림처럼
옆부분을 벌려 눌러 접어요

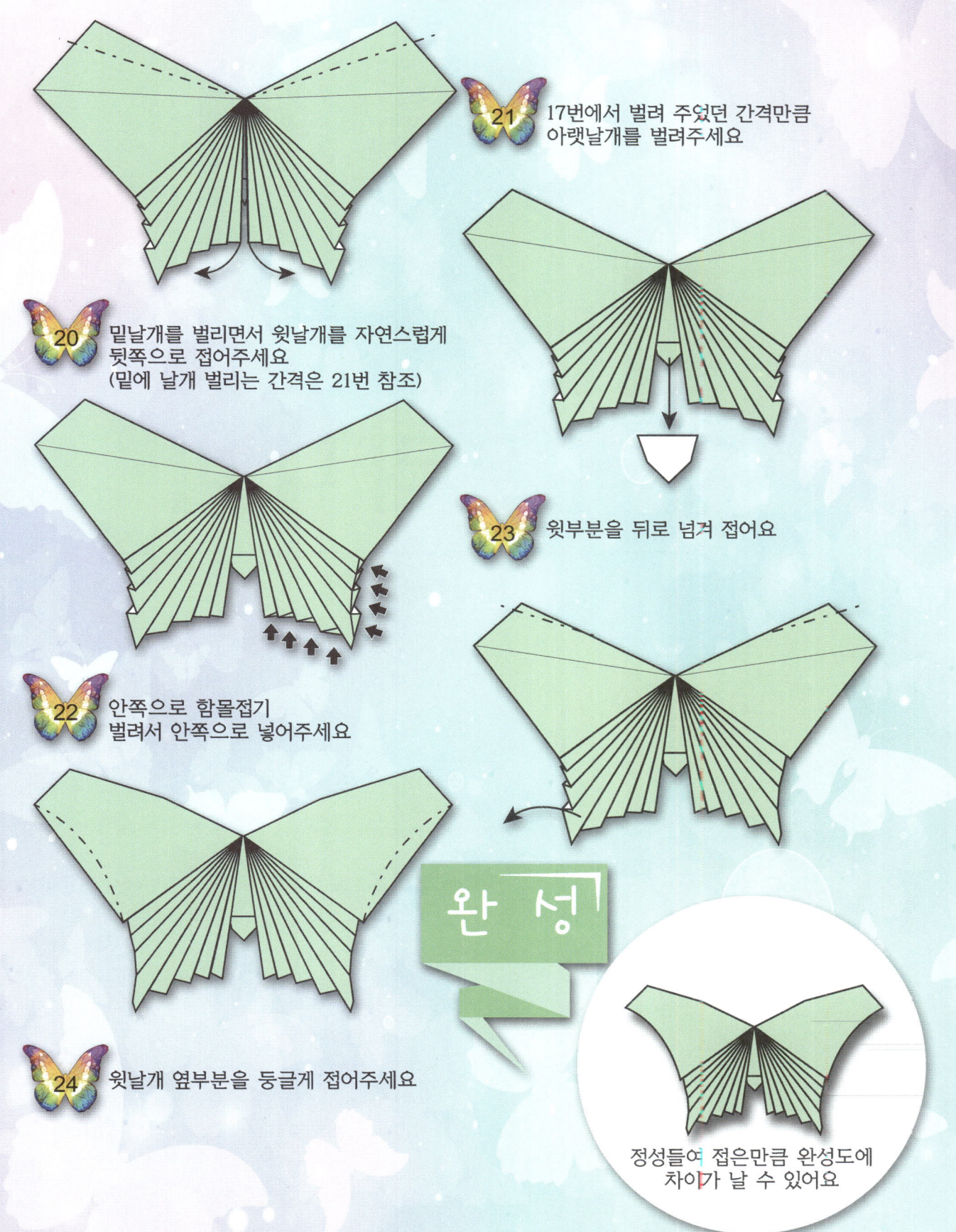

21 17번에서 벌려 주었던 간격만큼 아랫날개를 벌려주세요

20 밑날개를 벌리면서 윗날개를 자연스럽게 뒷쪽으로 접어주세요
(밑에 날개 벌리는 간격은 21번 참조)

23 윗부분을 뒤로 넘겨 접어요

22 안쪽으로 함몰접기
벌려서 안쪽으로 넣어주세요

완 성

24 윗날개 옆부분을 둥글게 접어주세요

정성들여 접은만큼 완성도에
차이가 날 수 있어요

제비꼬리나비

정사각형

 삼각 주머니 접기
(종이접기 알아두기 참조)

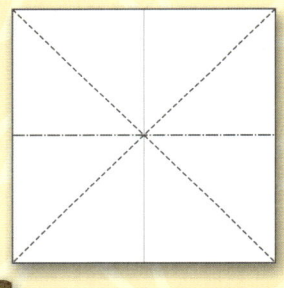

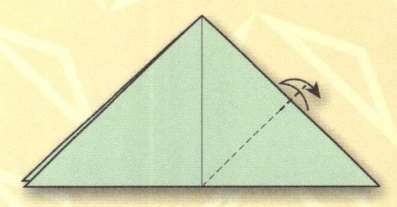 **02** 끝쪽에 살짝 표시해 주세요

03 2번에서 접은 끝선에
맞추어 다시
1/2 지점에 표시

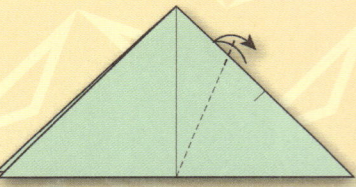

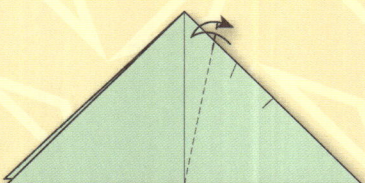 **04** 3번에서 접은 끝선에 맞추어 다
시 1/2 지점에 표시해 주고요

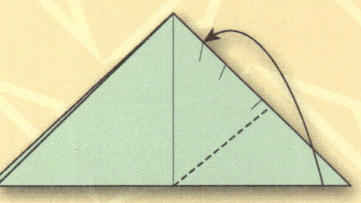 **05** 4번에서 표시한 지점에 맞도록
접어 주세요

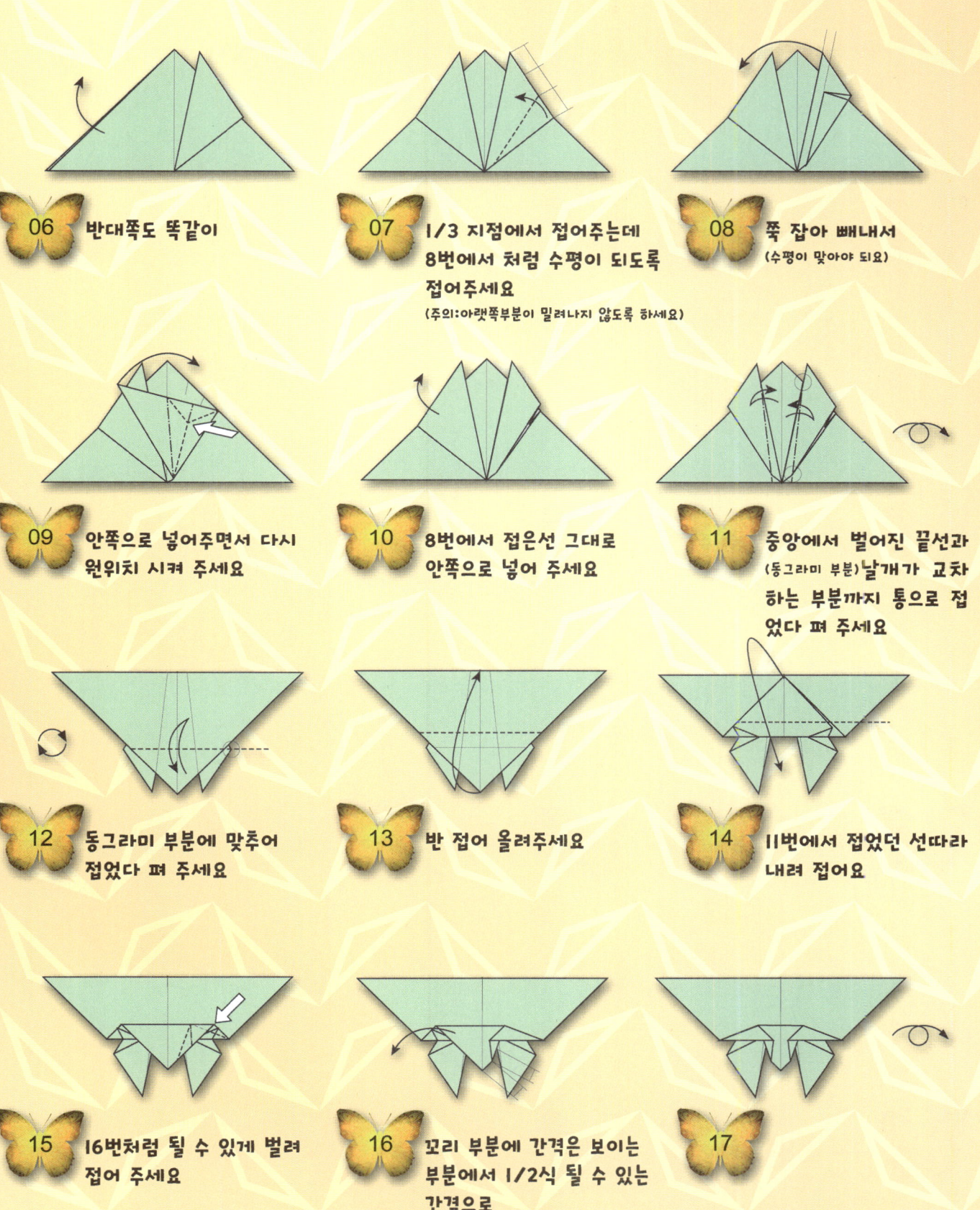

06 반대쪽도 똑같이

07 1/3 지점에서 접어주는데 8번에서 처럼 수평이 되도록 접어주세요
(주의:아랫쪽부분이 밀려나지 않도록 하세요)

08 쭉 잡아 빼내서
(수평이 맞아야 되요)

09 안쪽으로 넣어주면서 다시 원위치 시켜 주세요

10 8번에서 접은선 그대로 안쪽으로 넣어 주세요

11 중앙에서 벌어진 끝선과 (동그라미 부분)날개가 교차 하는 부분까지 통으로 접 었다 펴 주세요

12 동그라미 부분에 맞추어 접었다 펴 주세요

13 반 접어 올려주세요

14 11번에서 접었던 선따라 내려 접어요

15 16번처럼 될 수 있게 벌려 접어 주세요

16 꼬리 부분에 간격은 보이는 부분에서 1/2식 될 수 있는 간격으로

17

18 아랫날개 끝에 맞추어 점선따라 통으로 접었다 펴 주세요 (중요한 부분)

19 중앙부터 1/2지점까지 뒤로 넘겨 주세요

20 찢어지지 않도록 살짝 뒤로 넘겨준 상태에서 21번으로

21 직각이 되도록 세워 주세요

22

23 밑에 있는 윗 날개가 뒷날개 위로 올라올 수 있게 1/4간격으로 계단 접어 올려요

뒤집어서

24 그림처럼 1/3되는 부분을 뒤집어 주세요

25 반접어 뒤로 넘겨주세요

26 꼬리 끝부분을 반접어 1/2지점까지 접어준 후 옆부분을 그림처럼 뒷쪽으로 접어주세요

27 밑으로 숨겨 주세요

28 살짝 올라갈 수 있도록 말아주세요

22~27

29

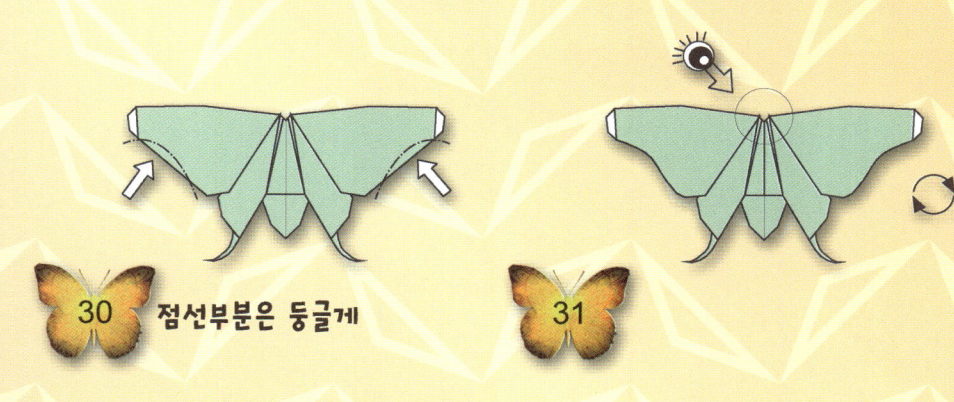

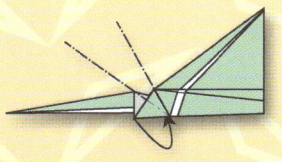 **30** 점선부분은 둥글게

31

32 모아서 한쪽으로 벌어지지 않도록 넘겨 접어요

완 성

꽃게

직사각형 (1:2)

 **01** 반 접었다 펴주세요

 **02** 반 접었다 펴주세요

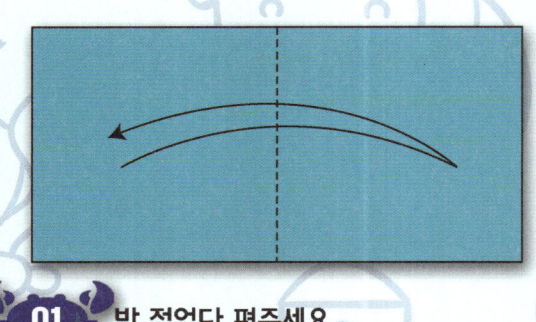

 **03** 똑같이 반 접었다 펴주세요

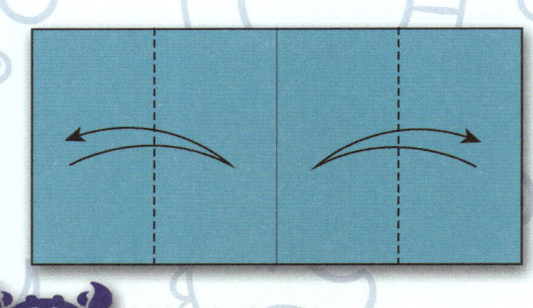

04 점선대로 반 접었다 펴주세요

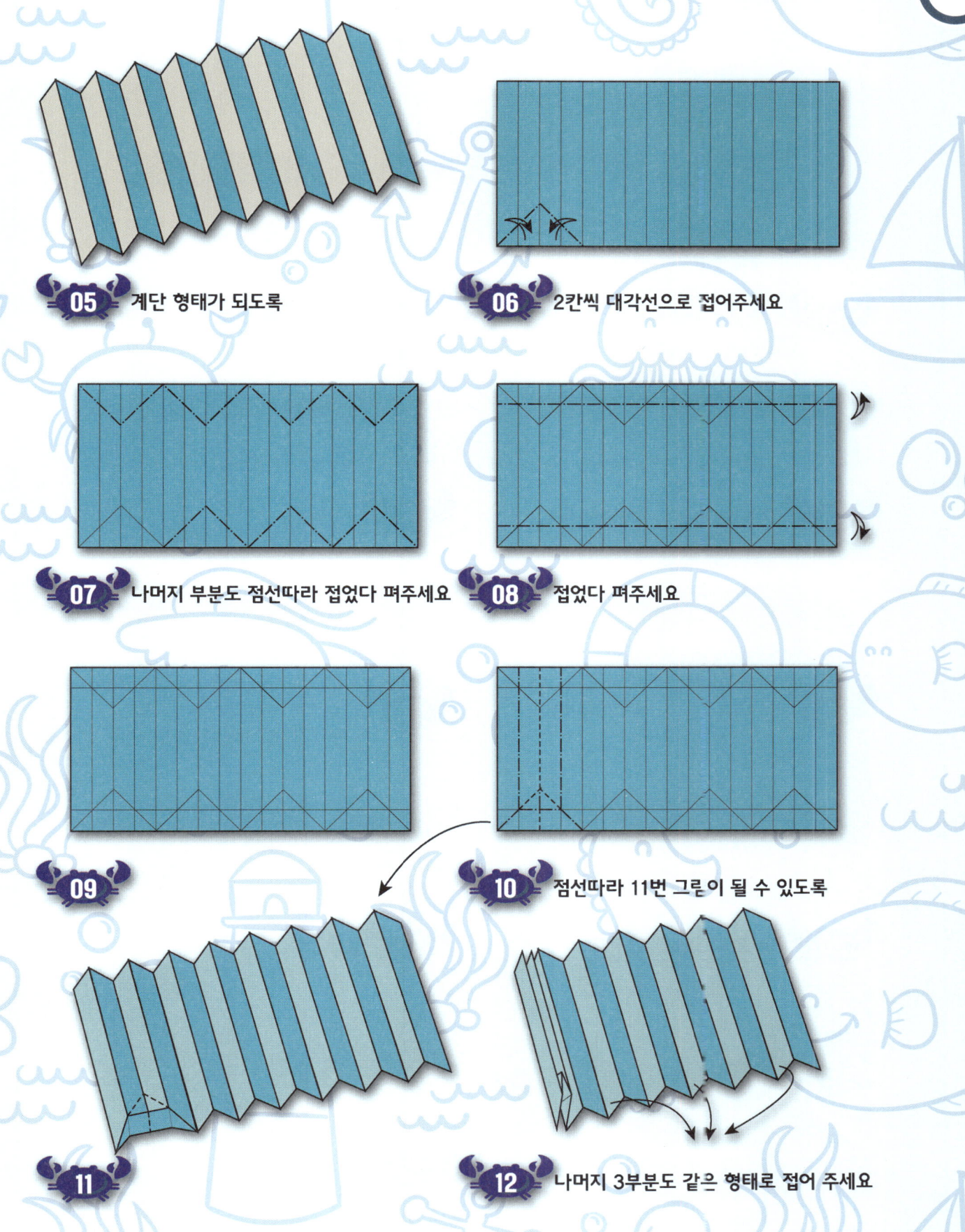

05 계단 형태가 되도록

06 2칸씩 대각선으로 접어주세요

07 나머지 부분도 점선따라 접었다 펴주세요

08 접었다 펴주세요

09

10 점선따라 11번 그림이 될 수 있도록

11

12 나머지 3부분도 같은 형태로 접어 주세요

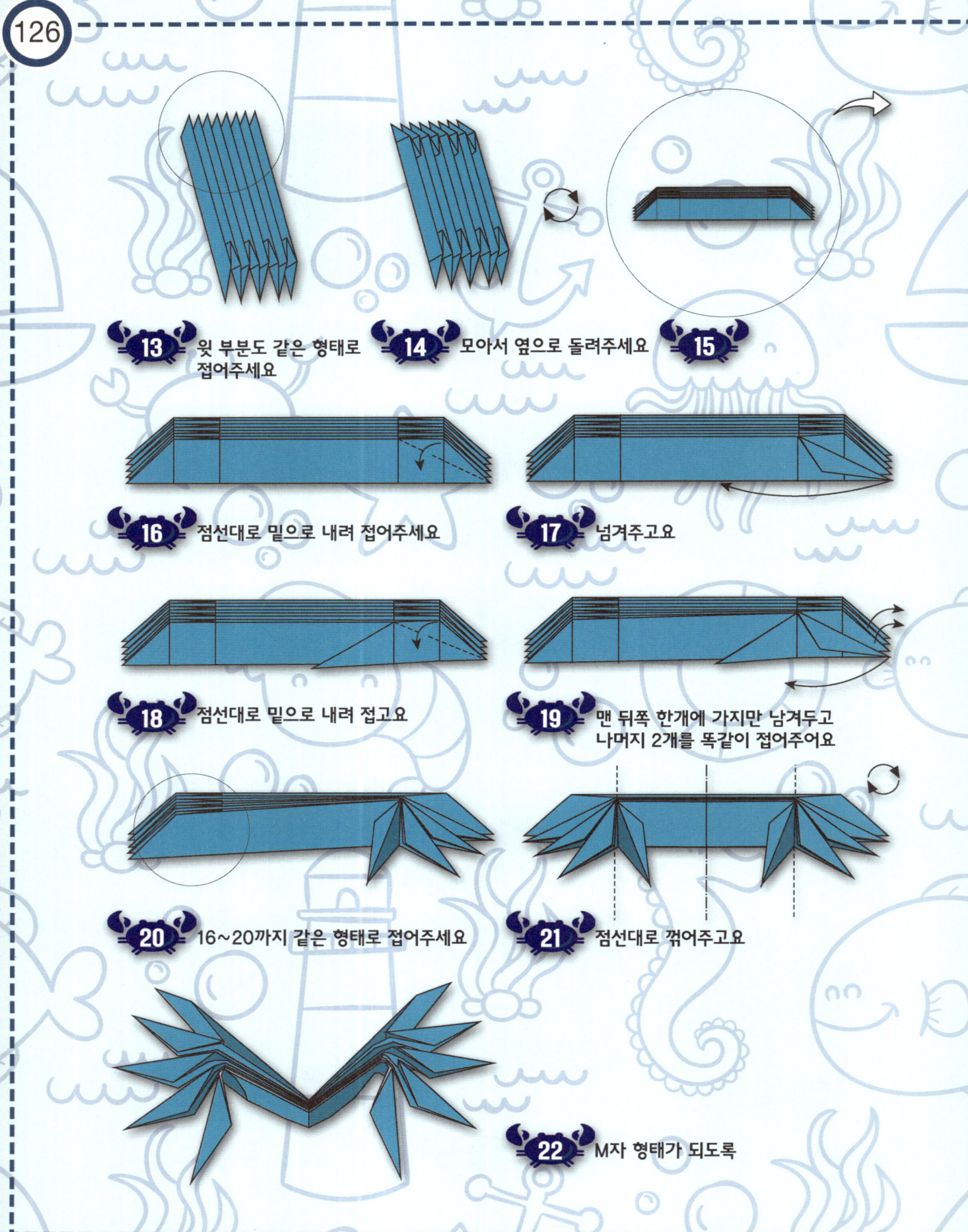

13 윗 부분도 같은 형태로 접어주세요

14 모아서 옆으로 돌려주세요

15

16 점선대로 밑으로 내려 접어주세요

17 넘겨주고요

18 점선대로 밑으로 내려 접고요

19 맨 뒤쪽 한개에 가지만 남겨두고 나머지 2개를 똑같이 접어주어요

20 16~20까지 같은 형태로 접어주세요

21 점선대로 꺾어주고요

22 M자 형태가 되도록

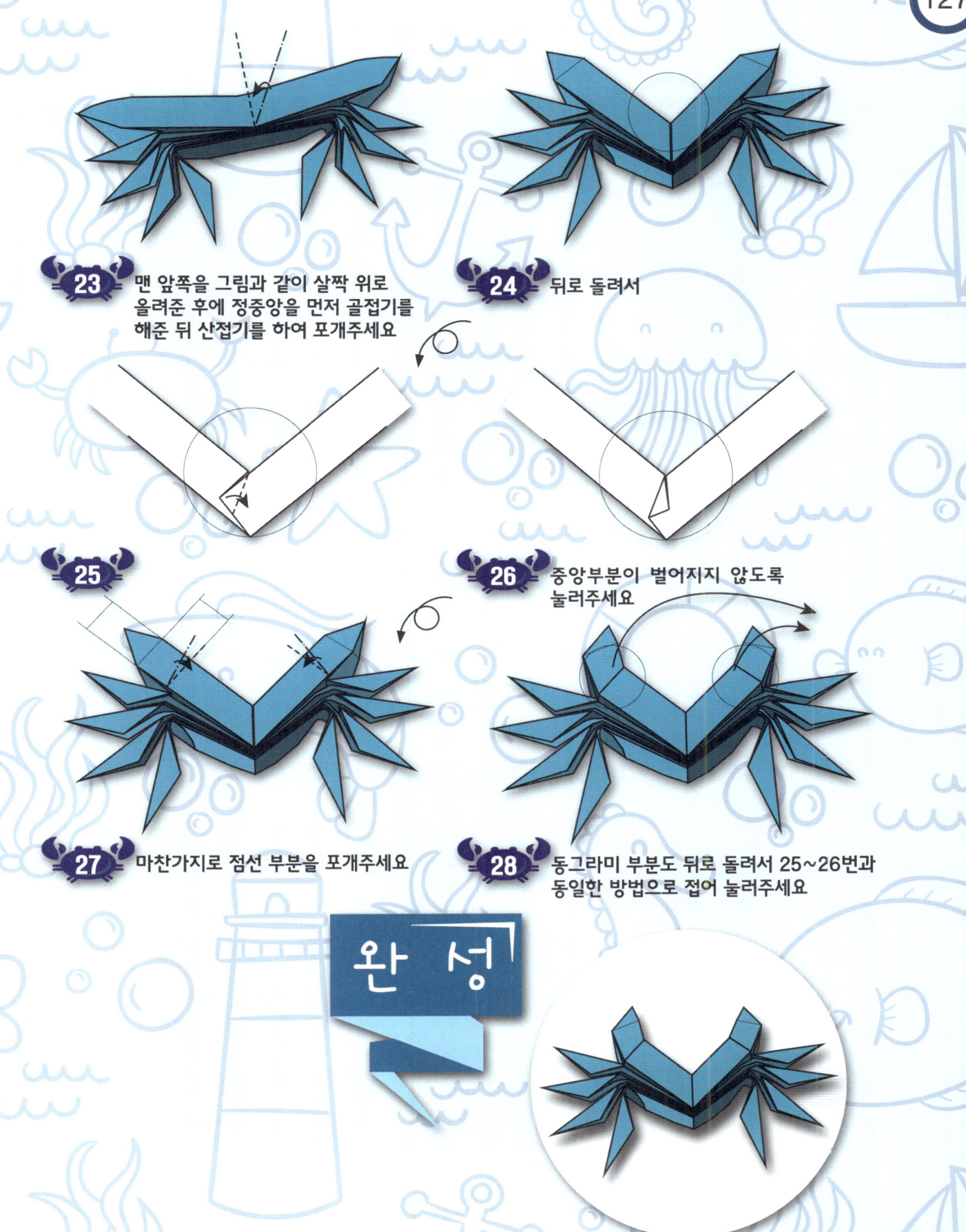

23 맨 앞쪽을 그림과 같이 살짝 위로 올려준 후에 정중앙을 먼저 골접기를 해준 뒤 산접기를 하여 포개주세요

24 뒤로 돌려서

25

26 중앙부분이 벌어지지 않도록 눌러주세요

27 마찬가지로 점선 부분을 포개주세요

28 동그라미 부분도 뒤로 돌려서 25~26번과 동일한 방법으로 접어 눌러주세요

완성